高校体育教学管理研究

陈海东 ◎ 著

 吉林出版集团股份有限公司

图书在版编目（CIP）数据

高校体育教学管理研究 / 陈海东著. — 长春 ： 吉林
出版集团股份有限公司，2023.7

ISBN 978-7-5731-3984-9

Ⅰ．①高⋯　Ⅱ．①陈⋯　Ⅲ．①体育教学－教学管理－
高等学校　Ⅳ．①G807.4

中国国家版本馆CIP数据核字（2023）第142198号

高校体育教学管理研究

GAOXIAO TIYU JIAOXUE GUANLI YANJIU

著　　者	陈海东
责任编辑	滕　林
封面设计	林　吉
开　　本	787mm×1092mm　　1/16
字　　数	221千
印　　张	12
版　　次	2023年7月第1版
印　　次	2024年1月第1次印刷

出版发行　吉林出版集团股份有限公司

电　　话　总编办：010-63109269

　　　　　发行部：010-63109269

印　　刷　廊坊市广阳区九洲印刷厂

ISBN 978-7-5731-3984-9　　　　　　　　　　　定价：78.00元

前　言

随着社会经济的快速发展和高等教育的不断创新，世界各国的体育教育也呈现出蓬勃发展的态势。我国高校陈旧的体育教学模式已经不能适应现有的高校规模和教育体系，高校体育教学模式改革已成为一项紧迫而重要的教育改革任务。特别是近年来，高校体育教学改革虽然取得了一些成绩，但也存在不少问题。要解决这些问题，就需要重新认识和定位大学体育课程。必须树立正确的教育改革观和全面育人观，用学以致用的教育观来探讨教学改革的合理性和科学性，用实践检验变革的必要性，提高学生的创造性思维，引导他们面对和适应大学体育教学中的实际问题。

本书主要研究高校体育教学管理方面的问题，涉及丰富的体育教学管理知识。主要内容包括高校体育教学管理的基础知识、体育教学活动、资源、主体管理、高校体育教学模式与改革思路等。本书是笔者长期从事体育教学和实践的结晶，内容选取上既兼顾知识的系统性，又考虑学生的可接受性，同时强调教学管理的应用性。本书涉及面广、技术新、实用性强，使读者能理论结合实践，在获得知识的同时掌握技能，理论与实践并重，强调理论与实践相结合。本书兼具理论与实际应用价值，可供相关教育工作者参考和借鉴。

由于笔者水平有限，本书难免存在不妥甚至谬误之处，敬请广大学界同人与读者朋友批评、指正。

目　录

第一章　高校体育教学管理概述

　　研究高校体育教学管理理论，有助于提高自己对高校体育教学管理的总体认知，并能为高校体育教学管理实践提供科学的理论指导，不断促进高校体育教学管理的科学化。本章主要就高校体育教学管理的构成与原理、高校体育教学管理的方法，以及高校体育教学管理的组织机构进行详细分析，为构建高校体育教学管理科学的理论体系奠定良好的知识基础，也为高校体育教学管理实践提供必要的理论指导。

第一节　高校体育教学管理构成与原理

一、体育管理的概念

　　体育教学管理是一项系统的、综合性的工作，是具有一定的管理权力的组织和个人对体育教学的人、财、物、信息和时间等方面进行的综合性的管理。具体而言，体育教学管理包括控制、监督、组织、协调、计划等方面。

　　高校体育教学管理是一个系统的过程，并且其工作内容涵盖了体育事业的各个方面。体育教学管理是一项综合性的活动，其各个子系统与体育管理总目标之间保持着一定的一致性。在体育教学管理过程中，各个系统之间相互影响、相互制约，共同促进了体育教学管理总体目标的实现。

　　在学校体育教学管理的不同阶段，计划是对学校体育工作的设计与决定；实施是将学校体育组织或部门中的人、财、物、事加以组合去执行计划，是学校体育教学管理过程的中心环节；检查是对学校体育计划的执行状况进行监督和检查；总结是对一个阶段内的学校体育工作的分析和研究，它既是对前一阶段的计划、实施、检查的分析与评价，又是下一阶段管理活动的依据和基础。学校体育教学管理过程的四个阶段之间既具有紧密的连续性，又是相对独立的，它们之间相互联系、相互促进，并按照基本固定的次序，形成一个闭合的、有反馈回路的循环系统，即一个完整的学校体育教学管理周期。

二、体育教学管理系统的构成

学校作为一个管理系统，其各项体育工作的进行离不开各部门的相互配合，这些部门协同合作才能组成一个运转正常、高效的管理系统。学校体育管理系统主要包括学校体育运动委员会、院系体育运动委员会、体育教学部、学生工作处、校医务室、校学生会体育部、院系学生会体育部等。这里简单介绍以下几种：

（一）学校体育运动委员会

学校体育运动委员会负责主持全校体育工作。体育教学部、学生工作处、院系负责学生工作的负责人和医务室校医等人员都是学校体育运动委员会的成员。学校体育运动委员会在各院系下设体育运动分会，分会领导由院系负责学生工作的负责人担任，并由专人负责。

学校体育运动委员会的主要管理职责是定期召开全校体育工作会议。研究体育工作，制订年度体育计划，并对上述工作进行督促、检查、落实。在管理权限方面，学校体育运动委员会督促体育教学部执行全校各项体育工作任务，并要求各院系体育运动分会积极开展本院系学生的体育活动。学生工作处及下属学生会体育部要积极配合体育教学部和各院系体育运动分会开展各项体育活动。

（二）院系体育运动分会

院系体育运动分会是学校体育运动委员会的下属管理机构，直接受学校体育运动委员会的领导。它可以使院系学生体育部的作用得到充分发挥，并能充分调动学生参与体育活动的积极性。

院系体育运动分会的主要管理职责是通过对本院系特点的分析与考虑，在本院系开展体育工作。并且负责的工作多样，要完成学校制订的年度体育工作计划，还要做到年初有计划、年中有项目、年末有总结，执行有措施、完成有成果。

院系体育运动分会可以参与全校体育活动，也可以在院系之间、年级之间、专业之间或者班级之间开展各种体育活动。

（三）体育教学部

学校体育教学部是学校专门从事体育工作的管理部门，由分管体育工作的校领导直接领导。学校体育教学部是学校体育运动委员会的参谋部，也是落实学校体育运动委员会年度工作计划的执行部。

1. 体育教学部的领导构成

一个部门的领导班子一般情况下是自然形成的，也有在特殊情况下组成的。各学校可以结合自身情况选择具体的领导构成，一般来说，体育教学部应设置主任1人、党支部书记1人，副主任根据需求配备，实行主任负责制，第一责任人是教学部主任。体育教学部的领导应注意合理搭配，以发挥领导团体的最佳功能，具体来说，应该凸显出以下特点：

（1）年龄方面：老、中、青搭配，使领导班子里既有丰富的经验，又保持优良的传统，还具有朝气蓬勃的青春活力和新时代的气息，后继有人。

（2）性别方面：在充分考虑体育师资队伍的现状和工作需要的基础上进行性别搭配。

（3）知识结构方面：领导班子成员最好毕业于不同的院校，这样领导能具有多元化的知识结构，从而使复杂的工作变得更加容易解决，使小团体行为得到杜绝。

（4）体育项目方面：领导班子成员最好来自不同的体育项目，这样有利于从各个不同的角度来研究问题，达到集思广益的效果。

（5）个人素质方面：领导班子成员能认真学习、掌握各级文件精神，政策观念强；能准确掌握上级的精神实质，坚定不移地执行上级指示，能跟踪体育课程教学管理信息，调整改革思路，完善工作方法；能保持继续学习的习惯，随时掌握新的知识和技术，提高自己的宏观指导的能力；灵活性强，能具体情况具体分析；善于和各种不同类型的人打交道，特别是善于和曾经反对过自己但被实践证明反对错了的人打交道。

（6）团体构成方面：主要负责人应德高望重，有能服众的知识水平，有保持前进方向的政策水平，有把握成功改革的坚强实力等；其他成员各负其责、鼎力相助，党政同心协力，共同完成工作任务。

2. 体育教学部的内设机构

（1）体育教学部下设办公室：体育教学部设主任1人、副主任多人，各分管一部分工作，日常事务由办公室负责。体育教师数量少的学校适合采用这种组织机构方式。

（2）体育教学部下设教研室：体育教学部下设课堂教学教研室、群体活动教研室、训练竞赛教研室，甚至还可按项目分类、按教学的年级分组等。设教研室，教师可以按各自从事的工作划分相应的教研室，工作专业、针对性强、便于教研室内部进行教学研究。体育教师数量较多的学校适合采用这种组织机构方式。

3. 体育教学部的师资结构

体育教师是体育教学部的重要成员，从事的工作呈多元化，业务分割，人员不分割，对体育教师的要求是业务全面、一专多能，能满足学校各项体育工作的需求，一般是呈梯次、互补、实用型的复合结构，主要考虑的因素有年龄、性别、项目、知识、职称等。

（1）年龄方面：最好由老、中、青年的教师构成，年龄呈梯次排列。

（2）性别方面：教师性别比率与学生性别比率应保持基本相等。

（3）项目方面：教师队伍中应有田径、体操、篮球、排球、乒乓球、足球、羽毛球、健美操、体育舞蹈、传统武术、跆拳道、散打、游泳等多个体育项目的专业人员。

（4）知识方面：教师应从不同的院校毕业，知识结构呈互补型。

（5）职称方面：合理的师资队伍构成应有助教、讲师、副教授、正教授等多种职称人才，且搭配合理。

4. 体育教学部的管理内容

根据工作性质，体育教学部的业务范围大致可分为课堂教学管理、群体活动管理、训练竞赛管理、体育科研管理及保障以上四项工作顺利展开的体育场地、器材管理，具体如下：

（1）课堂教学管理

课堂教学管理是学校体育管理工作的中心。课堂教学一般在正课时间进行，能够充分保证安排好时间、师资、场地、器材。在课堂教学中，集中教学是主要采用的形式。这种形式的教学，使学生的身体教育更加科学、系统，学生也能够掌握几项体育锻炼手段。总之课堂教学，使学生更加热爱体育运动、积极参与体育活动，使学生的身心得到了健康发展。

（2）群体活动管理

群体活动管理是学校体育管理工作的主要组成部分，是课堂教学的延伸和发展，其主要表现形式为早操、课间操和课外体育活动。长期思考问题，学生的大脑会感到疲劳，群体活动的合理分布以及脑力与体力活动的交叉搭配，会使这种疲劳得到有效缓解。经常参与群体活动，进行体育锻炼，学生可以获得健壮的体魄和旺盛的精力，从而为他们的紧张而繁重的学业的完成奠定基础。通过参与群体活动，学生也可以完成课堂教学布置的作业，掌握课堂教学传授的知识，同时，还可以养成经常参加体育锻炼的良好习惯。

（3）训练竞赛管理

良好的训练竞赛管理可以提高学生的运动技术水平。训练竞赛是指学校对少数有体育特长的学生进行科学训练的活动。学生在训练竞赛中取得优异成绩，可以为学校获得较高的知名度，并以此激励普通学生参加体育锻炼，最终达到使全体学生健身的目的。

（4）体育科研管理

体育科研管理是学校体育工作可持续发展的良性循环链中不可或缺的重要一环。体育科研是体育教师的一项基础工作，对提升体育教师的知识层次和完善体育教师的知识结构有着重要作用。书写体育科学论文、完成体育科研课题、编纂体育教材和撰写专著等都是体育科研的主要表现形式，用多学科知识对体育活动和运动规律进行深入的研究探讨，可以使学校体育课程教学更加合理和完善，从而实现学生、教师、学校和社会的共同发展。

（5）体育场地、器材管理

体育场地、器材管理是学校体育工作完成的保证。在学校各部门中，体育运动场地、器材是学校"形象工程"的重要部分。体育场地和器材涉及学生在进行体育锻炼时能否保证卫生和安全，体育场地、器材后勤保障时效性强，这些都是体育场地、器材管理呈现出的特点。总的来说，体育场地器材的管理应力争做到体育场地、器材美观、及时、安全、卫生、实用、耐久。

（四）学生体育部

学生体育部是学校体育活动的主力军，学生体育部的工作应该接受学生工作处、学生会的领导，由体育教学部进行指导。学校体育部的主要管理职责是协助体育教学部完成学校各项体育工作，在体育教学部的指导下，开展学生感兴趣的、健康的、丰富多彩的课外活动，丰富学生的业余文化生活。

1.学生体育部的成员结构

学生体育部每年都需要换届，但任何一届学生体育部的成员构成都应该保证体育工作的延续性，能满足学生工作处和体育教学部工作的需求。学生体育部在成员构成方面应满足以下特点：

（1）年龄方面：呈阶梯状，这是从可持续发展方面进行考虑的。

（2）性别方面：充分考虑男女性别的搭配，尤其是女生多的学校，性别搭配更应具有合理性，这样在体育活动中才能充分考虑女生的需求。

（3）项目方面：学生体育部的构成要充分考虑各项体育活动的开展情况，不能局限于某一两个运动项目。

（4）主体构成：以老一届学生体育部为主，以便对新一届学生体育干部起到传、帮、带的作用，同时广泛吸收体育活动积极分子。学生体育部新成员应该热爱体育运动，积极参与体育活动，并具备一定的体育运动和组织能力。

2. 学生体育干部的工作内容

学生体育干部包括校学生会体育部干部、院系学生会体育部干部、年级体育干事、班体育委员四个层次。各分部门的工作具体可以分为以下四个部分：

（1）对各院系学生体育部工作进行指导、督促、协调

全校学生体育部负责对各院系学生体育部进行指导、督促和协调。指导的范围包括年初有计划、有项目，年中有措施、有检查，年末有总结。校学生会体育部在时间、场地、器材的占用上要配合体育教学部协调好各院系学生会体育部的工作。

各院系学生体育部在校学生体育部的指导下，开展好本院系的各项体育活动，包括本院系自己组织的体育活动、参与学校组织的各项体育活动、与其他院系广泛开展的各种形式的体育交流活动。

（2）协助体育教学部做好各项体育工作

①协助体育教学部完成训练竞赛工作。学生会体育部应对学校体育代表队的成长进行关心，熟悉校代表队年度竞赛计划；组织训练学校体育竞赛啦啦队，在校体育代表队比赛时摇旗、呐喊、助威；利用单项体育协会坚持经常性活动的优势，将其作为校体育代表队的后备力员，在有竞赛任务时可随时通过选拔组队参赛。

②与体育教学部积极配合组织学生群体体育活动。学生会体育部应对学校年度或学期的竞赛计划了解、熟悉；与体育教学部保持经常的联系，参与竞赛活动的筹备、组织、裁判工作；在每项竞赛活动开始之前召集各院系学生体育干部，布置与竞赛有关的运动员选拔、报名、训练、后勤及有组织地参加比赛等事宜。

③协助教师完成课堂教学工作。对于学校体育课堂教学的开设项目，学生会体育部可以广泛征求学生的意见，并及时反映给体育教学部；在课堂教学过程中，学生体育干部应主动协助体育教师进行工作。

（3）开展学生感兴趣的体育活动

广泛开展学生感兴趣的体育活动可以使学生体育部的作用得到充分发挥。开展工作时围绕学生感兴趣的体育项目，能弥补学校体育竞赛活动有限的缺憾，有助于提高

学生的体育文化素养，丰富学生的业余文化生活。此外，学生体育干部在各项体育活动中也可以增长才干。

（4）组织、管理好学生体育协会

学生体育协会是体育教学部提供业务指导、场地和部分器材，学生自己管理自己的组织机构。学生会体育部可以成立单项体育协会或俱乐部，充分利用学生的兴趣爱好开展丰富多彩的体育活动。

（五）学生体育协会

学生体育协会，又称体育俱乐部、课外活动小组、兴趣小组，是由学生体育爱好者组成的团体。学生体育协会的主要管理职责是给学生中的体育爱好者提供展示自己的舞台，并通过该组织传授体育技术与技能，传播体育文化；体育爱好者通过活动使周围的学生受到影响，从而培养广大学生的体育兴趣与爱好，提高广大学生参与体育活动的积极性与热情。

1.学生体育协会的组织形式

学生体育协会由学生自行组织、自愿参加、自己管理，由若干个单项体育协会组成，可以设学生体育协会总会，由学生会体育部行使总会的职能来管理各个单项协会。学生体育总会设会长1人、副会长多人，下设活动部、宣传部、外联部、培训部，负责协调各单项协会的工作。

体育协会必须有自己的协会章程，以保证学校体育协会的严肃性和可持续发展。学生参加协会应该以完全自愿为原则，遵守协会章程，履行入会程序，交纳会费，并积极参与协会的各项体育活动。

2.学生体育协会的活动形式

学生体育协会一般以自己组织活动为主，自己组织培训、练习与比赛。此外，还组织对外友谊比赛。组织校内体育竞赛活动也是学生体育协会主要的活动形式之一。

3.学生体育协会与体育教学部的关系

体育教学部与学生体育协会关系密切。一方面，体育教学部要为学生的各项体育协会配备指导教师，体育教学部可以通过选修课课堂教学、学生单项体育协会活动、学生体育协会内的体育特长生训练等形式对学生进行专业指导和训练，提高学生的体育技术技能和身体素质。另一方面，学生体育协会也要经常将学生的需求向体育教学部汇报，及时寻求体育教师的指导，并协助体育教学部完成各项具体的工作。

三、体育教学管理构成要素

学校体育管理系统是一个复杂的系统。它主要有三个构成要素，即学校体育管理的主体、对象、手段。具体如下：

（一）管理主体

学校体育管理的主体主要是指在学校体育管理系统中承担管理职能的人（体育教学管理者）或组织（体育教学管理机构）。

1.学校体育管理者

学校内部的基层管理者和校外的中上层领导者，在管理活动中处于主导地位，负责制订计划、组织实施、指导检查等工作。在学校体育管理系统中，学校体育管理者的个体素质以及他们组合起来的管理机构的集体素质对学校体育的发展有重大影响。

2.学校体育管理机构

由学校管理者构成的管理机构，包括校外的各级教育、体育部门所设的宏观管理学校体育工作的机构，这些管理机构行使管理权。

（二）管理对象

体育教学管理的对象是体育教学管理活动的承受者，是管理的主要方面，主要包括以下五个方面：

（1）人：作为被管理者的人主要是基层学校体育工作的操作者。

（2）财：学校体育经费。对财进行管理，合理使用体育经费，提高经济效益是其根本目的。

（3）物：包括体育经费、场馆、器材设备等在内的学校体育物资设备，加强对物资的管理，有利于提高物资的使用率。

（4）时间：时间管理的主要目的是在尽可能短的时间内办更多的事。

（5）信息：信息是管理工作的命脉，这里指学校体育工作需要的信息。

（三）管理手段

体育教学管理的手段是管理者为实现体育教学管理目标所采取的方法和措施。它是体育教学管理活动赖以进行的条件和方式，其主要包括法规方式、行政方式、经济方式、宣传教育方式等。

四、体育教学管理的基本原理

（一）人本原理

1. 人本原理概述

人本原理，顾名思义，就是以人为本的原理。在任何一个管理系统中，人都是活动的主体，而管理所发挥的重要作用就是最大限度地调动人的主观能动性。管理实践证明，若一个组织能充分调动人的积极性，使人的主动性、能动性都得到较好的发挥，那么这个组织的管理效益也会实现得很好。因此，在管理过程中，创造一个好的环境，充分发挥人的各方面能力是管理所要解决的核心问题。

人本原理就是强调在管理实践中要把人放在第一位，突出人的作用，提高管理效益。在管理中，人既是管理的主体，同时又是管理的客体。根据主客体划分，可将人分为管理者与被管理者，做好人的工作是现代管理工作的关键，充分调动人的主观能动性与创造性是实现管理目标的关键。

体育教育事业本应是最大限度激发人的才能的一项事业。体育教育管理的最终目标是把这种人的能量最大限度地发挥出来，所以体育教育管理所遵守的原理与一般的管理所遵守的原理是一致的。体育教育系统的大目标实现也是如此，所以坚持人本原理是体育教育工作的一项重要工作。

2. 人本原理在体育教学管理中的应用

在体育教学中保证科学管理和体现"以人为本"，必须遵循人本原理的实施原则，人本原理的相关原则主要包括能级原则、激励原则、动力原则，具体如下：

（1）能级原则

"能级"，是现代管理中十分重要的概念。"能"是指人的能力大小；"级"是指管理体系和管理结构的设置要体现不同的层次和工作内容。"能级"是一个现代物理学中的概念，能是做功的量。在现代管理中，机构、法和人都有一个能量问题，根据能量大小就可以分级，高能级办高能级的事，低能级办低能级的事，做到能级对应，就是能级对应原则。贯彻能级对应原则，尤其要注意人的能级对应。人的能力有大有小，要根据人的能力水平安排相应的能级（职位等）工作，才能适得其所、各尽其能。

（2）激励原则

所谓管理的激励原则是指对组织中成员的多种行为进行科学的分析，激发其动机，最大限度地调动各类人员的积极性。在现代管理中，激励手段的有效运用，不但可以调动组织中每一个成员的积极性，而且也能提高管理的效能，由此可知，激励原则在管理中具有极为重要的作用。

在高校体育教学管理过程中，激励原则的运用主要通过以下两个方面实现：

首先，对组织中成员的积极性进行分析。积极性属于动机的范畴，是一种能动的心理状态。组织中成员的积极性，往往通过其在工作中的主动性、责任心、创造性及干劲的持久性等行为表现出来。要想调动和提高组织中成员的积极性，必须对其积极性进行全面、准确且及时的了解和分析，找出问题所在，对症下药，才能取得较好的效果。

其次，激励手段的选择和灵活运用。在管理过程中，应根据不同的管理对象、管理条件和管理任务，灵活地选择和运用激励手段对组织中成员的积极性进行调动。常用的激励手段主要有以下几种：

①目标激励。结合组织成员的工作岗位，将个人目标融合于集体目标之中，使目标具有一定的挑战性，以此调动成员的积极性。

②奖惩激励。通过奖励或惩罚，对组织成员的正确行为给予肯定或及时否定其不良行为，来达到提高其积极性的目的。

③榜样激励。利用榜样进行激励，带动一般成员、后进成员及优秀成员的积极性。

④感情激励。注重对成员进行感情投资，在思想、工作、生活中不断给予成员关怀，从而激发其积极性。

⑤反馈激励。把成员的工作或学习成果及时地反馈给本人，同时做出客观评价，这对提高成员的积极性是有很大帮助的。

（3）动力原则

管理的动力原则是指在管理活动中，管理者必须正确地掌握管理动力源，运用有效的管理动力机制，来保证管理活动有序、高效、持续地进行，保证组织目标的实现。动力不仅是管理的能源，而且还是一种制约因素。

管理与物质运动一样，必须要有动力，有了动力才能推动管理活动的进行，这就是管理的动力原则。贯彻动力原则，必须掌握三种动力，即物质动力、精神动力和信息动力，这三种动力，各有特点，要综合运用。其中，物质动力是最基本的动力，它是指通过物质利益、经济手段来激发人们的工作热情，调动人们的积极性；精神动力是指用精神的力量来激发人们的积极性、主动性；信息动力是指通过增长知识、信息交流产生的动力，包括激发性信息动力、知识性信息动力和反馈性信息动力。

在管理中，动力原则的运用应注意以下几个方面：

①综合运用三种动力，扬长避短，互相补充，以取得最佳效果。在运用的过程中，根据具体情况有所侧重。

②正确认识和处理个体动力与集体动力的关系，使个体动力在大方向保持一致的前提下得到充分发展，以获得比较大的集体动力。

③运用动力时，要掌握适宜的"刺激量"。

（二）系统原理

1. 系统原理概述

系统原理是指通过对系统理论的运用，细致地、系统地分析管理对象，从而使现代科学管理的优化目标得以实现。系统原理的重要理论基础是整体效应观点。整体效应观点是由塔朗菲提出的，其基本内容为：因为新的有机整体的形成是系统各要素合理的排列组合的结果，伴随着新整体的构成，新的功能、特性和行为等得以出现，即具有了各要素在孤立状态下所没有的性质，产生了放大的功能，产生了"1+1>2"的效果，因此系统的整体功能之和大于各要素的孤立状态之和，一旦功能的放大程度与系统的规模成正比，即系统规模越大，结构越复杂，系统功能就可能越大。

掌握系统原理，必须把握系统的三个基本特征：

（1）目的性：任何管理系统都是一个目的系统。每个系统都有自己明确的目的，目的不明确必然会导致管理的混乱。要根据系统的目的和功能设置各子系统，建立其结构，各子系统的目的由系统的目的分解而来。一般来说，一个系统只有一个目的。

（2）整体性：整体性是系统的最基本的特征之一。从某种意义上讲，一般系统是关于整体的一般科学。整体性主要揭示了整体与局部、整体效应与个体效应的关系。要素与系统关系十分紧密、不可分割，整体功能要大于部分功能之和。系统的整体功能建立在一定的要素功能基础之上，没有要素的功能，就没有整体功能；但是，如果要素功能不协调，就不能取得整体效应。因此，把握系统的整体，要着眼于整体效应，是我们认识和运用系统原理之精髓。

（3）层次性：凡是系统都有结构，而结构都有层次性，是系统的又一个重要特征。系统的层次性，要求管理必须分层次进行，建立层层管理、层层负责、各司其职、各负其责的管理秩序。从社会管理系统来说，可以划分宏观管理、中观管理和微观管理三个不同的层次；从一个部门、一个单位的管理来说，可以划分为决策层的管理、管理层的管理和执行层的管理。各系统的层次之间有着密切的相互的关系。

2. 系统原理在体育教学管理中的应用

系统原理要求管理者在体育教学管理中必须遵循以下原则，以促进体育教学管理工作顺利、高效地完成。

（1）"整—分—合"原则

"整—分—合"原则可以简单地概括为整体把握、科学分解、组织综合。具体含义就是，对整体工作进行充分、细致的了解，并以此为基础，将整体分解为一个个基本要素，进行明确分工，使每项工作规范化，建立责任制，然后进行科学的组织综合，最终实现管理效能提高的目的。遵循"整—分—合"原则要求管理者应做到以下几点：第一，要树立整体观点。扩大整体效应，实现整体目标是最终目的，但大前提是树立整体观点。第二，正确分解，要明确分解的对象。分解不是对管理功能的分解，而是对管理工作的分解，分解要围绕着目标进行。管理功能要求人、财、物等要素的统一，其中任何一个要素被肢解，都会导致管理无法进行，因此必须抓住分解这一关键。第三，重视分工与协作。分工是非常重要的，但它不是目的，还必须进行强有力的组织管理，使各环节同步协调，有计划、按比例地综合平衡，既分工又协作才能提高效能。分工要搞好，协作也要搞好，这是贯彻"整—分—合"原则的要求。

（2）优化组合原则

系统目标的有效实现，整体效应的提高，要求系统的组合达到优化，也即是遵循优化组合原则的要求。优化组合的内容是多方面的，具体来说，主要包括以下四个方面的优化组合：首先，是目标的优化组合。目标的优化组合，最终目的是要组成优化的目标体系，这就要求实行目标管理的单位，要大力发动群众，民主制定科学的总目标，然后以优化组合原则为根据，把总目标层层分解到下属组织或个人，使每个人和组织的长处得到充分发挥。其次，是组织的优化组合。管理跨度，是指一个上级能直接、有效地领导下属人数的限度，它对组织的管理层次、人员数量起着决定性作用，影响着组织结构的横向划分、纵向联系。管理者的素质、能力、精力、知识及管理对象的状况和分布距离等都限制着管理跨度的大小。管理跨度原则是优化组合必须要贯彻的。再次，是人才的优化组合。人才组合的整体效应的发挥要求对人才进行优化组合，因此在一个人才集体中，既要有高、中、低人才的合理搭配和组合，又要有各种特长的人才的互相配合，使人才的作用都充分发挥出来。最后，是环境的优化组合。管理者、被管理者和管理环境三个要素组成了管理活动，所以环境的优化组合也是非常重要的，不容忽视，将组织的外部条件（自然的、社会的、生态的）科学、合理地组合起来，为管理工作创造良好的环境就是环境优化组合的内容。

3.相对封闭原则

任何一个系统内的管理手段必须形成一个由连续的、相对封闭的回路构成的完整的管理系统，进而形成有效的管理活动，这就是相对封闭原则。

管理系统存在着两大基本方面的关系：一是它与外部相关系统之间的关系。由于管理对象这一系统处在更大的系统之中，必然与外界相关系统保持着输入与输出的关系，处于一种开放性状态。解决这些外部关系主要是"经营"的任务，属于"领导"的范畴。二是本系统内部各要素之间的关系。系统内部形成有效的管理活动，必须使系统内的管理手段、措施构成一个连续的封闭回路。就像电线一定要形成回路电子才能得以运动而产生电流一样，不封闭的管理，即使某个环节管理得再好，也不能保证管理系统内的正常运转，从而无法获得系统整体的效应。系统内部关系的解决主要是"管理"的任务。例如，优秀运动队的大队长要通过各职能科室指挥领队（主教练），领队又指挥教练员，教练员指挥、训练运动员，最后通过一定的职工代表大会制度制约大队长。各级之间以信息反馈相互沟通。

（三）责任原理

1.责任原理概述

责任原理是指为了实现组织目标，挖掘人的潜能，在合理分工的基础上明确规定各个部门及个人必须完成的工作任务和必须承担的与此相适应的责任。

遵循责任原理建立的责任制，在运动训练管理中已得到广泛的应用。如目标责任制、风险金等。

2.责任原理在体育教学管理中的应用

在体育教学管理系统中合理应用责任原理，要求做到职责明确、授权合理、奖惩分明和规范管理。具体如下：

（1）职责明确

体育教学管理是一项系统工程，任务重、头绪多、工作杂，如果没有明确的分工，工作就无法正常开展；分工不明，工作必然混乱。但是，分工只是对工作范围做了形式上的划分，还无法完全地体现出分工对工作的数量、质量、完成的时间、效益等方面的要求，而职责是在分工的基础上，在数量、质量、时间、效益等方面上有严格的行为规范。所以说，分工不等于职责，但职责必须建立在正确的分工基础之上。

（2）授权合理

怎样才能做到完全负责？这取决于权限、利益、能力等因素。明确了职责，就要授予相应的权力，即一定的人权、物权、财权，否则难以完成已承担的职责。对工作完全负责，仅合理委授权限是不够的，还必须让其承担风险。同时，在职位设计和权限委授的过程中，还要注意每个人承担的职责要与其能力相对应，才能做到人尽其责、物尽其用。

（3）奖惩分明

学校体育的管理要做到奖惩分明。一方面，要进行奖优惩劣，以引导每个人的行为朝着积极的方向发展；另一方面，要保证奖惩公开、公正、及时，否则奖惩本身的作用和意义便会丧失。

（4）规范管理

规范管理是体育教学管理工作顺利进行的保证，具体来说，就是要建立相应的岗位责任制、考绩制、奖惩制，组成一个环环相扣、相互配合的管理制度体系，保证责任原理的有效应用。

（四）效益原理

1.效益原理概述

效益原理要求在管理的各个环节、各项工作中，都要以社会经济效益的提高为中心，提高资源利用率，以创造最大的社会经济效益。在管理系统中，经济效益是管理效益的直接形态。

现代管理的根本目的是要创造最佳的社会经济效益，效益原理的实质在于任何管理都要以取得效益为目标。所以，效益原理是指管理的各个环节、各项工作，都要紧紧围绕提高社会经济效益这个中心，科学地、节省地、有效地使用有限的人力、财力、物力、智力和时间、信息等资源，以创造最大的社会经济效益。对于现代管理系统来说，创造最佳的社会经济效益就是根本目的。因此，这一原理同样适用于体育教学管理。

2.效益原理在体育教学管理中的应用

（1）追求效益

在体育教学管理过程中，追求管理效益应特别注意以下几点：第一，确定管理活动的效益观，即要以提高效益为核心；第二，追求管理效益时，更应该追求长期稳定的高效益；第三，应追求局部效益与全局效益的协调一致；第四，管理效益的影响因素很多，因此必须端正主题管理思想。

（2）评价效益

管理效益的评价标准不是绝对的，可以从不同的主体和不同的角度去进行评价。采用不同的评价标准和方法，得出的结论也会不同，甚至是相反的。评价的结果会对效益的追求有着直接影响，因此有效的管理首先要求对效益的评价尽可能做到公正和客观。一般来说，效益的评价有首长评价、专家评价和群众评价三种。其中，首长评价权威性较高，全局性掌握得较好，但不够细致和具体；专家评价比较细致，技术性较强，但可能会忽视间接效益而只注重直接效益；群众评价比较公正，但获得评价结果需要花费较多的时间和费用。在体育教学管理中，应综合运用各种评价方法。

（五）竞争原理

1. 竞争原理概述

竞争原理是指个人与个人之间、团体与团体之间、国家与国家之间，为了各自的目标和利益，相互竞争，以求取胜的理论。有竞争就有压力，有压力就要奋斗、就要拼搏。实践证明，竞争可以激发个体的工作热情，激发个体的进取精神，充分挖掘个体的潜能，从而能够促使个体创造性地工作，去克服各种各样的困难。此外，竞争还可以使组织集体充满生机和活力、促进内部团结、增强团队凝聚力。

优胜劣汰是事物发展的一般规律，对体育运动来说，竞争更是其突出特征，在体育管理中处处存在竞争，时时有竞争。

2. 竞争原理在体育教学管理中的应用

在体育教学管理系统中应用竞争原理应注意以下几个问题：

（1）竞争要有一致的标准、条件

以运动员的训练管理为例，要保证竞争条件的一致性，可以为同级别的运动员提供一致的竞争标准，这样可以使运动训练评价体系的公正性得到保证，也可以实现运动训练系统一致的目标，促进运动训练的进一步发展。

（2）竞争的同时应互相交流、提高

竞争原理强调竞争过程中的互相交流和互相提高。增进参与人员之间的友谊、团结与合作，并培养其团队精神是任何体育竞争行为的目的。

（3）防止投机取巧、不正之风

任何管理系统都需要良性的竞争。在体育教学管理的各个环节中，要按章办事、依法办事，做到既不姑息又不失衡，保证其公信度。

（4）评价或制裁要公平、公正

评价或制裁制度是检验、评价运动员的成绩与效率的一项管理制度，因此，评价或制裁的标准应采用定性和定量相结合的方法，标准要做到公平、公正、合理、实际。

（六）动态原理

1. 动态原理概述

动态原理是对管理对象的变化情况进行及时把握，对各个环节进行不断调整，以使整体目标得以实现的规律概括。

由于人、财、物、时间、信息等管理对象处于不断变化、发展的过程之中，相应地，计划、组织、控制、协调等各个环节也必须随着管理对象的变化而变化，动态地适应管理对象的变化，这样才能保证管理目标的实现。

2.动态原理在体育教学管理中的应用

（1）保持弹性

管理系统受多种因素的影响，各因素之间的关系也具有复杂性，在管理中对所有问题的各种细节进行正确的把握是很困难的，因此在管理过程中必须留有余地，保持弹性，才能保证管理活动的正常进行，这就是弹性原则。在管理中如果弹性较小，其原则性就较强，适应能力就相对较弱；如果弹性较大，其适应能力就较强，适应环境就较快。因此，弹性大小的确定没有一个绝对的标准，它以不同的管理层次要求、不同的管理对象和不同的管理目标作为主要根据。一般来说，管理弹性可以分为局部弹性和整体弹性，也可以分为消极弹性和积极弹性。

（2）重视反馈

系统把信息输送出去，又将其作用、结果反送回来，并对信息的再输出起到调节、控制的作用就是反馈。重视通过反馈来控制管理过程具体是指通过信息的反馈，对管理者未来行为进行控制，使行为不断逼近管理目标的过程。

（七）协调发展原理

1.协调发展原理概述

可持续发展已成为当今社会发展的重要发展趋势，同时也是现代管理新的发展趋势，而坚持协调发展的原则是坚持可持续发展的关键，对于体育教育管理工作来说，就是将普及与提高相结合，使学校体育和竞技体育协调发展。

所谓协调发展，就是指让方法适应于目的，让事情和活动都有合适的比例，处理好普及与提高的关系是体育教育工作协调中的关键问题。在体育教育管理工作中，一定要将协调发展原理应用其中。

2.协调发展原理在体育教学管理中的应用

在体育教育管理中，要做到学校体育和竞技体育的协调发展，应遵循以下几个基本原则：

（1）坚持用辩证的观点看待学校体育和竞技体育之间的对立统一关系

虽然学校体育和竞技体育的社会目的、表现形式等方面都有很多不同之处，但两者既不是绝对的对立，像是天平的两端，此起彼落，也不是机械的拼合。学校体育与竞技体育是相互促进、相互渗透、相互依赖、相互支援、缺一不可的。

具体来讲，竞技体育对学校体育起着兴趣引导、示范、技术指导等作用。通常情况下，如果我国的某项竞技体育项目在国际上取得优异成绩，学生参与这项活动的热情就会提高，从而掀起开展这项活动的学校体育热潮。此外，一些优秀的教练员和运动员也会在学校进行授课，使学生掌握正确的运动方法，不断提高运动水平，改善身体健康状况，这就是技术指导。同样，学校体育对经济体育的发展也会起到积极的作用，对于竞技体育来说，学校体育可以打好运动基础，发现运动人才，为竞技体育创造良好的发展环境，提供人力和物力支持等。

（2）坚持"两点论"和"重点论"

"两点论"是指学校体育和竞技体育两手都要抓，要体现协调发展的精神和原则，不能只抓一个放一个，也不能轮流抓，时紧时松。"重点论"是指体育工作整体以突出增强人民体质为重点，学校体育和竞技体育都要服从于这个大目标。

"两点论"和"重点论"是体育发展的协调观、整体观，也是体育教育管理中坚持协调发展的主要内容。通过协调发展，使体育教育提高适应社会多种需求的综合能力，才能更好地为社会服务，最终达到体育教育为增强体质、促进人的全面发展的大目标，形成良性循环。

第二节　高校体育课的种类与结构

一、体育课的类型

体育课的类型是指按不同依据和标准来划分出的课的种类，即上课具体形式的种类。研究课的类型，旨在熟练掌握各种类型课的特点，并能按照课的具体类型组织课堂教学，使体育教学活动符合体育教学过程的规律，使教师更好地完成教学任务，实现体育教学目标。

由于体育教学任务较复杂，而体育课型又是由课的目标、内容、教法、学法、师生特点以及教学环境条件所决定的，因而形成了多种课的类型。通常将体育课按照上课的内容性质划分为理论课和实践课两大类。

（一）体育理论课

体育理论课主要指在室内讲授体育与健康知识的课。其教学内容可分为两大类：

1. 体育与健康基础知识

体育与健康基础知识包括有关学校体育的目的、任务：体育运动卫生保健常识、健康的含义，体育对增进健康、增强体质的作用，科学锻炼身体的方法、原理，体育与智力的发展、个性的形成之间的关系，学校体育卫生法规等。

2. 各运动项目基础知识

运动项目基础知识主要是有关运动项目的技术、战术理论、竞赛编排和裁判规则等。

体育理论课的主要作用是：通过向学生传授体育、健康及身体锻炼、卫生保健的基本理论知识，提高学生的人文素养，培养学生的体育、健康和形成健康的意识，激励学生学习和参与体育活动的兴趣与爱好，使学生具备有关的知识并能运用这些知识去指导自己的卫生保健和体育锻炼活动。

根据教学目标的不同，体育理论课又可分为讲授课和考核课两种类型。

（1）讲授课。讲授课是指按照体育教学计划，在课堂上向学生系统地讲授体育、健康基本理论知识的课型。

讲授课是体育理论课的主要形式，根据学校体育工作、体育教学目标及学生身心等的需求，合理地安排理论课的教材内容及比例。例如，在高校低年级中重点讲授体育锻炼的手段与方法及体育卫生要求等；而高年级则增加竞赛规则、战术分析、安全急救和科学锻炼的方法及原理等，扩大高年级学生的体育、健康知识面和提高文化素养。理论课的内容也可以根据地方传统、季节体育活动特点和重大体育节来安排。总之，理论课应紧密联系实际，切实起到指导体育实践的作用。

（2）考核课。考核课是检查学生掌握所学的体育理论知识情况的一种课型。它一般在期中或期末进行。考核的方式有抽查个人或小组、课堂测验、期中期末考试等。考核后要进行评分和试卷分析，应向学生讲评存在的问题。

理论课应根据教学任务、教学进度、学生身心发展特征等因素，有计划、系统地安排。一般可安排在开学初或重大体育活动之前，也可结合季节特点并尽可能地利用雨雪天进行。

（二）体育实践课

体育实践课的结构是指根据教学进度规定的教学内容要求，组织学生在体育场馆进行身体活动练习的课。大学一般是90分钟，一次课连上两节。

体育实践课的目的是帮助学生掌握锻炼身体的基本动作、技能与方法，发展其体能，增强其体质，促进学生身心健康。根据每次课的具体教学目标的不同，实践课一般可分为引导课、新授课、复习课、综合课和考核课五种课型。

1. 引导课

引导课是指新学期开始的第一节体育课，是新学期体育教学工作的序幕。引导课是为了更好地完成学期教学计划，实现学期教学目标，明确、强调某一教学阶段的教学目标、要求和内容等，进而激发学生学练兴趣而专门组织的。教师在上体育引导课时应注意以下几点：

（1）总结上学期体育课及各项体育活动情况，说明新学期学校体育工作安排以及本学期体育课教学目标和要求、教学内容和考核标准及学校运动会竞赛计划及安排。

（2）介绍体育课堂常规，教会预防运动损伤事故及运动安全事故的基本知识及处理方法。

（3）对刚入学的新生班级，要介绍本校体育方面的成绩、开展体育活动的情况和优良传统，激发学生上好体育课和参与体育活动的热情。

2. 新授课

新授课是指以学习新教材内容为主的课型。其主要任务是帮助学生形成正确的身体活动动作的概念与表象，基本掌握身体活动动作的要领与方法。在进行新授课教学时，应注意处理好以下几方面的关系：

（1）使学生明确学习新教材内容的作用和基本要求，并简单阐明新内容与旧内容的内在联系，激发学生对新内容学习的兴趣和积极性。

（2）教师应正确地运用讲解与示范，并采取辅助、诱导、帮助、保护等教法措施，帮助学生在学习新教材内容的过程中，迅速地形成正确的概念与表象，明确完成新动作要领与方法，使学生尽快领会和掌握新动作。

（3）教师应根据新教材内容的性质和学生的具体情况，合理地、科学地安排教法、教学步骤，分清主次，突出重点、难点，使教学内容符合学生的实际，减少学生在学习过程中的困难，提高教学效果。

（4）帮助学生掌握所学的新动作的基本环节，注意纠正学生中普遍存在的错误，加强辅导，使学生尽快正确地掌握新动作。

（5）在新授课中教师应安排与调节好课的练习密度和运动负荷，精讲多练，使学生既能学习和掌握好动作技能，又能使自己的机体活动能力得到提高与发展。

3. 复习课

复习课是指对已经学过的教材内容进行复习、改进和巩固提高的课型。复习课不是简单地重复已学过的教材内容，而是在原学习的基础上逐步地熟练、巩固、提高动作质量，形成正确、牢固的动力定型。提高复习课的效果，合理地组织教学是关键。在具体教学时应注意以下几方面的要求：

（1）在复习课中，要根据学生对已学教材掌握的实际情况，提出新的、具体的教学目标与要求，并考虑如何采取有效的教法措施来实现这些基本要求。

（2）教师应帮助学生改进、巩固和提高动作的质量，应在统一指导的基础上注意区别对待，根据学生能力和水平的不同提出具体的要求，并应善于发现学生的优点与缺点，通过采取比较、分析、纠正错误等教学措施，调动不同学生练习的积极性，提高教学质量。

（3）为了改进、巩固和提高动作质量，发展学生体能，增强学生体质，在复习课中，应根据实际情况适当增加地练习的重复次数和强度，合理地增大这类课的运动负荷。

4. 综合课

综合课是指将新授内容和复习内容合理搭配的一种课型，即学生在课中既要学习新内容，又要复习巩固已学过的内容。综合课的优点是：可以是同一教材内容的新旧结合，有利于加强教材内容的内在联系及整体性，以促进学生新动作的形成与提高；也可以是不同教材内容的新旧搭配，如上肢与下肢活动教材内容的搭配，这有利于促进学生身体的全面发展，增强其体质、发展其体能。为了有效提高综合课的教学质量，具体应注意以下几点：

（1）注意合理安排新旧教材的教学顺序，加强教材内容之间的联系性和整体性。

（2）在实际教学组织过程中，要合理搭配不同性质、不同难度的新旧教材内容。

（3）根据新旧教材内容的特点和要求，让不同年龄、性别、水平的学生进行合理的分组练习，并合理地为他们分配练习时间、安排练习密度和运动负荷。

5. 考核课

考核课是指以检查学生阶段或学期学习成绩为目的的一种课型，即给学生某一种教材内容或某一阶段的学习情况以终结性评价，主要包括知识、技能与体能三方面的评价。在开展考核课时，应注意以下几点基本要求：

（1）考核课前应使学生明确考核的目的、内容、标准和基本要求，端正学生对考核的认识态度，使学生在身心上做好充分准备。

（2）组织学生充分做好准备活动，准备活动时间根据考核项目的需要而定，除安排测验项目内容外，还可以适当地安排一些轻快的练习内容。其意义是：一是可使未轮到考核的学生保持良好的身体活动状态参加考核；二是可使考核完的学生得到放松，调节紧张与疲劳。

（3）考核课应加强安全措施教育，防止运动损伤事故的发生。

（4）认真做好考核的准备、组织和记录工作，如准备测试表格、秒表、皮尺、场地以及做好考核分组等。要预先安排好时间，客观地测定与记录学生的考核成绩，以保证考核课的顺利进行。

二、体育课的结构

（一）体育实践课结构分析

体育实践课的结构是指构成一节课的几个部分以及各个部分的具体安排设计，包括教材内容和组织工作的安排顺序与时间的分配等，即整个课堂教学活动模式的框架。课的教学活动过程包括教师、学生、教材内容、教学手段与条件四个要素。因此，课的结构框架设计与上述四个要素有密切关系。

体育实践课的结构可分为基础结构（大结构）和具体结构（微观结构）。基础结构一般是指组成一节体育课的各个部分，即体育课的大轮廓，通常具有相对的稳定性。具体结构则是指课的各个部分具体的安排和设计，包括每个部分的教学目标、教材性质、学生特点、组织教法措施、密度和运动负荷以及时间分配等。由于教师的教学风格及特点不同，体育实践课具有一定的灵活性。

（二）体育实践课的结构划分方式

体育实践课的结构有不同的划分方式，大体有三段式、四段式、五段式等划分方式。随着体育课程的改革与发展，体育课的教学目标被划分成了不同的方面，目标的改变必然引起体育课内容、方法、组织等的改变，因而对体育课结构的划分有了新的变化，除经典的三段式结构外，还出现了"五部分""一体式"结构和三段式基础上的"模块式"等多种划分方式。

体育实践课结构的划分依据：

1.人体生理机能活动能力变化规律

人体机能活动能力变化可分为三个阶段：一是人体由相对安静状态进入工作状态，即机体工作能力上升阶段，这一阶段在课的结构中被称为准备部分；二是机体工作能力从相对的较低水平逐步地提高到较高水平，并在相当一段时间内保持最高水平的阶段，这一阶段在课的结构中被称为基本部分；三是机体工作能力经长时间较剧烈的身体活动和承受较大的运动负荷后逐渐下降，这一阶段被称为机体工作能力下降阶段，即课的结束部分。

2. 学生的心理活动变化规律

学生的心理变化与体育课及其各部分的具体教法、内容的安排有直接的关系，其实在体育课之前，学生的心理已经发生变化，通常称其为运动前状态或课前状态。例如，课前学生想到要上课和参与各种体育活动，就会产生兴奋和跃跃欲试的心理，这是学生课前情绪高涨、心理状态良好的表现；而有些学生想到要上体育课就产生害怕、怕苦、怕累的心理。所以，学生课前的心理状态与以前上体育课的体验和将要上体育课的具体学习内容等都有着密切的联系。

3. 教学过程的一般规律

体育课的结构在很大程度上还取决于体育教学过程的基本规律，如认识事物的规律、动作技能形成的规律和教与学的辩证统一规律等。合理的课堂结构能帮助学生机体更好、更平稳地进入工作状态，使机体工作能力尽可能长时间地保持在稳定和适宜的水平，从而为实现课的教学目标，完成各种身体练习提供良好的条件。在进行课的具体结构的划分时，如果不注意考虑体育教学过程的基本规律及要求，就会导致不切合实际，浪费时间，影响学生学习的积极性与兴趣，严重的还会伤害学生的身体等。此外，在具体确定体育课的结构时，应认真考虑课的类型结构与教学目标、教材内容、学生身心特点及教学条件等因素的关系。

（三）体育课的结构

1. 课的基本结构

根据上述规律确定课结构的理论依据与体育教学过程的特点，将体育实践课的基本结构划分为准备部分、基本部分和结束部分三个阶段。

（1）准备部分

目标：集中学生精神和注意力，使学生明确教学目标与要求；充分做好准备活动。

内容：教学常规、一般性准备活动和专门性准备活动。

组织教法：练习方式可采用集体或分组形式进行，既可定位练习，又可以行进间练习。

时间：约占课的总时间的20%，为10分钟左右。一般应根据教材内容性质、学生特点、季节气候等具体情况来确定。

（2）基本部分

目标：学习、复习、考核课程标准和教学计划规定的主要教材，使学生掌握科学锻炼身体的知识、技能和方法，发展体能、增强体质、增进健康、培养良好的道德品质和行为习惯。

内容：包括学校体育课程标准规定的教材内容和结合本地区、本校实际情况所选用的具有乡土特色的教材内容，以及根据学习主教材的需要而选定的辅助性、诱导性练习等。

组织教法：一般可采用分组轮换与分组不轮换的形式进行。

时间：约占课的总时间的70%，为30分钟左右。时间的安排取决于教材内容的性质、负荷和学生特点等情况。

（3）结束部分

目标：使学生身体逐渐恢复到相对安静状态，对课的教学情况进行小结，布置课外作业的任务，预告下次课的内容。

内容：选用一些动作结构简单、节奏缓和轻快的身体练习，如活动性游戏、徒手操、舞蹈、慢跑等。

组织教法：采用全班集体的形式进行，也可分组进行整理放松活动，然后集中进行全班小结。

时间：约占课的总时间的10%，一般为5分钟左右。

体育实践课几个部分的划分是相对的，它们互相衔接、紧密联系、和谐统一构成课的整体。基本部分是完成教学目标的主要部分，而准备部分和结束部分不单是为基本部分的教学目标服务，也具有教育和教学因素。总之，在设计课的结构时，应根据教学目标、教材内容及学生身心特点而定。

2.课的微观结构

课的微观结构（具体结构）是指课的各个部分的具体内容的顺序与时间等的设计与安排，包括各个部分的教学任务、内容、组织教法措施、密度和运动负荷以及时间分配等。由于每次课各个部分的具体内容都有所不同，所以课的具体结构有明显的灵活性和变异性。因此，教师应根据课的目标及各部分的任务，认真设计、组织好微观结构的教学工作，来确保教学目标的达成。

课的准备部分的具体内容包括：整队、检查人数、宣布课的任务与要求、布置见习生活动内容、队列练习、集中注意力的练习、一般性准备练习、专门性准备练习、游戏以及讲解示范和队伍调动等。教师要在7～9分钟内完成各项活动。所以，必须预先认真设计好每一项活动的具体次数、时间，如教师讲解示范占多少时间，学生准备活动占多少时间，各项活动的前后顺序与联系等。这些都要一一计划、安排好，才能确保课的顺利进行。

基本部分的具体内容有：教师讲解示范、专门性练习、新旧教学内容、教和学的步骤、正误对比、教学比赛、游戏、身体体能练习、学生练习与休息、队伍调动等。在教学实践中，除要注意各项活动前后顺序及联系安排外，更应注意各项活动的分组练习次数与时间的分配。

结束部分的具体内容一般包括队伍调动、全身放松练习、呼吸练习、游戏舞蹈以及总结和布置作业等，在这部分应对每次活动都做出具体安排。

课的微观结构是完成教学任务的主要环节，所以教师应根据实情，合理地设计、安排、组织好各环节的教学，以保证课的顺利进行，提高课的教学质量。

三、体育课的密度和负荷

（一）体育课的密度

体育课的密度是指单位时间内，有效教学活动所占的比例。体育课的密度分为综合密度（也称一般密度）和专项密度两种。

综合密度是指一节课中各项教学活动合理运用的时间与课的总时间的比例。通常一节课中的教学活动主要有：教师指导、学生做练习、相互观察与帮助、练习后的休息、组织措施。这五项活动都是教学过程中不可缺少的，核心是让学生做练习，学生只有反复练习才能掌握体育的技术、技能，增强体质，其他各项活动都应围绕并有利于学生做练习来设计。

专项密度是指课中的某一项或两项活动所用的时间与课的总时间的比例。学生做练习的时间与课的总时间的比例，被称为课的运动密度（或练习密度）。它和课的运动负荷有着密切联系，通常说的体育课的密度，就是指课的运动密度。

体育课的密度是评判是否上好体育课的主要指标。研究课的密度的意义在于能确定如何最有效地、合理地运用上课时间，提高教学质量。

（二）体育课密度的安排与调控

影响合理运用课中各项活动时间的因素诸多，所以，教师不但要在课前认真设计和安排好课的密度，而且要具体根据课的实际情况，及时、灵活地调控各项活动的密度。在具体操作时应以下几个要求：

1.认真备课，周密设计

课前教师应根据课的教学目标、教材内容、学生情况、教学条件等，认真备课，周密设计，合理安排课中各项活动的具体内容与时间，并在课前做好充分的准备工作，以保证课中各项活动时间的合理运用。

2.改进教学组织水平

严密教学组织措施，加强对各项活动的调控，尽可能地减少整队、调动队伍、布置场地器材、分组轮换练习等不必要的组织措施的时间，使学生熟悉各项活动顺序与队伍轮换的要求，以适应教学的要求。

3.改进教法，提高教学技巧

教师讲解力求简明、突出重点和把握要领，精讲多练。教具演示时机要恰当，辅导、纠正错误应区别对待，要合理安排学生的练习次数，并使练习与休息进行合理交替，使学生在学习动作及加大运动密度中得到必要的休息。

4.加强学生思想、纪律教育

使学生明确学习目的，自觉、积极地参与教学过程，注重发挥体育骨干和积极分子的作用。

（三）体育课密度的测定与评价方法

1.测定的准备工作

研究课的目标、内容、组织教法和教案；明确测定者之间的分工与职责，一般2～3人一组，1人计时、1人记录、1人分析；准备好测定课密度的登记表、秒表、笔及必要用具；了解本班学生情况，选定测试对象，一般选择班里中等水平的学生；检查教学场地、器材以及考虑气候条件等。

2.测定工作的具体操作

测定课的密度是从课开始到结束，以秒为单位，将课中各项活动的时间全部记录下来。使一块表从上课开始不停地走，以计算课的总时间。用另一块表测各项活动的时间，按暂停键报告该项活动的时间后，及时回表测下一项活动的时间。记录者将每项活动的实际时间、合理与不合理使用的时间及时、准确地记录在课密度记录表上。

3.测定数据统计整理

（1）体育课综合密度的统计整理。课结束后将所测得的数据进行计算和整理，按项填到课的综合密度统计表上，并对课的综合密度进行分析，主要分析合理、不合理使用时间的情况，各项活动合理运用时间与课总时间的比例，各项活动合理运用时间之间的比例等。

（2）练习密度的测定与计算。测定练习密度是从上课开始到下课为止，记下学生实际练习（身体活动）的时间，并逐一填写在体育课练习密度登记表上，然后做详细的分析。

由于课的各项活动形式有所不同，练习密度的测定根据不同活动的特点，其计算方法大体如下：

①练习时间。体育课中各项活动形式不同，具体各项活动时间的计算大体如下：

基本体操：包括徒手操、棍棒（绳）操、武术操、一般发展练习等，若先讲后做，做动作算练习时间；若边讲边做，整个过程算练习时间；跳绳、攀登和爬越、负重搬运和角力，从动作开始到结束算练习时间，中断等待练习的时间不算。

技巧、支撑跳跃、单杠和双杠：从开始姿势到结束姿势算练习时间，如用跑步、正步出入队列，也算练习时间。

跑：从预备姿势（各种起跑姿势）开始，到终点缓冲过程算练习时间。由终点归队，如要求跑（或慢跑）回，或走跑交替，也算练习时间。

跳跃：从开始姿势到落入沙坑（或垫子）算练习时间。归队算法同"跑"，如在平地上跳（无沙坑或垫子），酌情计算。

投掷：从开始姿势到投出器材后，身体恢复正常姿势为练习时间，出入队同"跑"。拾回投掷器材时，如要求跑步也算练习时间。

球类、游戏、比赛：单个动作教学，一般只将动作开始到结束算为练习时间。集体活动、游戏比赛，原则上整个过程都算练习时间；若因犯规、学生不积极、站着不动或中断时间，应扣除或不算练习时间。接力游戏和接力比赛，等待接力的时间不算练习时间。

武术：从动作开始到结束算练习时间。各种静止用力的动作均算练习时间，如基本体操中的静止用力动作，单、双杠的悬垂支撑动作，武术中的静止用力动作等。

采用循环练习法时，原则上整个练习过程都算练习时间，除非是中断或停顿。

②指导时间。凡是教师有目的地讲解、示范、演示、分析，以及个别指导等，指导学生学习掌握、巩固提高体育知识、技能的时间均算为指导时间。一般是从开始讲解、示范、演示、分析，一直到结束均算为指导时间。

③观察与帮助时间。凡是学生用于进行自学、互相观察、分析讨论、互相帮助保护的时间均算为自学、观察与帮助保护时间。

④组织措施时间。凡是课中整队、调动队伍、交换场地、搬运、安装、分发和收回器材等，一般都算为组织措施时间，但如果教师有意识地通过跑步或其他放松练习

方式调动队伍，收回器材等可算为练习时间。

⑤休息时间。凡是教师有意识地安排学生休息，或一个人练习后等待下一次练习，即一次练习后直到下次练习开始前均为休息时间。

⑥不合理的时间。凡是课中的时间，消耗在教学和与教学辅助无关方面的时间均为浪费时间，即不合理地运用时间，包括迟上课、早下课，因为课堂准备不充分或课中教具的损坏，以及教师擅离教学场地导致课中教学活动的中断等。合理组织体育教学活动，这些浪费时间的行为是可以避免的。

（3）体育课密度的统计与制图

①统计时先把各项活动的时间相加，如教师的讲解、示范、个别指导等。

②将一节课的时间分化成秒。

③计算某项活动所用时间与上课总时间的比例，即计算某项活动所用时间与全课总时间的百分比例。

④根据上述计算的比例数，再计算该项比例数在 100 分圆形图中所占的度数。

⑤根据度数用量角仪制图。

在实践中，除百分圆形图外，还可制成百分直条图、多边形图等。综合密度测定结果的分析：第一，分析课中各项活动所占时间的比例是否适当，以及不合理运用时间的原因。第二，分析学生做练习的时间是多少，比例是否合适。第三，分析总结的意见和提出合理的改进建议。

在分析课的密度时，应根据教学的目标、教材内容的性质、学生的特点、场地、器材设备及气候条件等来进行分析。例如，新授课教师指导的比例就相对要大些，而复习课练习的时间就要相对多些。离开上述这些具体条件，就不可能对课的密度作出正确的分析。

（四）体育实践课的负荷

体育实践课的负荷包括生理负荷和心理负荷。它们是评价课的效果与质量的重要指标。

1. 体育课的生理负荷

体育课的生理负荷是指学生在课中做练习时所承担的量与强度对机体的刺激程度，在习惯上又称其为运动负荷，它反映了练习过程中学生机体的生理功能发生的系列变化。在一次体育课中构成生理负荷的因素有负荷量和负荷强度两方面，负荷量和负荷强度一般来说成反比关系。

负荷量是指在一次课中完成有效练习的总时间、总次数、总重量、总距离，如：

50 米全程跑 3 次，立定跳远 5 次。

负荷强度是指练习时对机体刺激的程度，或做练习时用力的大小，或做练习时机体的紧张程度。如：同一学生用 9 秒跑完 50 米与用 11 秒跑完 50 米，显然用 9 秒跑完 50 米的强度大。

（1）体育课运动负荷的安排

根据学生身心特征和教学过程的规律，每次体育课的运动负荷的合理安排，一般应由小到大，逐渐加大，大、中、小强度的负荷合理交替，到课快结束时，应逐渐降低运动负荷，促使学生机体较快地恢复到相对安静的状态。而从整个学期体育教学过程来考虑时，学期开始时的几节课的运动负荷要适当小些，以后可以根据学生身体机能水平的提高，有节奏地逐渐加大。总之，体育课运动负荷的安排，要遵循合理的运动负荷原则，应符合学生机体生理机能活动变化规律和机能适应性规律，要有利于发展学生体能，增强其体质，增进其身心健康。在具体安排体育课的运动负荷时，应处理好以下几个方面：

①课的运动负荷的量与强度的安排，应符合学生的身心发育水平。

②要根据课型和组织教学形式的要求来安排运动负荷。

③要考虑教材内容的性质、难易程度、练习强度及气候环境等条件来安排运动负荷。

④要依照负荷强度大小，适当地安排间歇时间。

（2）体育课的运动负荷的调控

体育教师不仅要在课前认真备课，周密地设计、安排课的运动负荷，而且还应懂得观察和分析课中学生运动负荷的变化情况，及时地采用合理的措施进行调控，使课的运动负荷达到预定的要求。合理调控课的运动负荷可采用下列方法：

①改变练习的某些基本要素，如速度、速率、幅度等。

②改变练习的顺序和组合，安排合理间歇、练习与休息合理交替。

③改变练习内容的性质，如将原来的 30 米慢跑（加速跑）改为 30 米加速跑（慢跑）。

④改变练习的重复次数，即改变练习的密度，练习中安排不同的间歇时间产生不同的练习密度。

⑤改变练习的限制条件，如活动范围、器材的重量、附加条件等。

⑥改变课的组织教法与形式，如循环法、竞赛法或分组练习等。

⑦调整课中各项活动的时间比例以调控运动负荷，如教师指导组织措施、学生观察与休息等。

（3）体育课运动负荷的测定与评价方法

目前测定、评价运动负荷的方法有很多，下面介绍常用的几种方法：

①自我感觉法。学生主要通过身体练习来完成学习任务，对自己的生理活动变化感受最深。自我感觉包括食欲、睡眠、对学习的兴趣以及练习后的主观感觉。

②观察法。一是观察学生做练习的表现，如通过学生完成动作的质量、控制身体的能力及做练习的积极性等方面来判断其生理负荷是否合理。二是观察学生的生理反应，如面色、出汗量、呼吸速度等方面来分析学生生理负荷的大小。

③生理测定法。它是测定与评价运动负荷的客观方法，主要采用科学仪器的方法测量心率、血压、吸气量、呼吸频率、肺活量、吸氧量、尿蛋白、血成分（白细胞、红细胞、血小板）、体温、视觉、心电图、肌电图等生理、生化指标，来判断和分析运动负荷的大小。

上述有些测定方法过程较为复杂，操作水平要求较高，难以普及应用。所以，目前学校体育课是采用较为简易的手测定脉搏方法来判断、分析课的运动负荷的，即心率测定法。

心率测定法是一次课中按时间间隔多次测定学生的心率次数，以便掌握和分析课中学生心率变化的情况，判断、分析运动负荷是否合理。心率测定由 2 人操作即可，一人摸脉搏，一人记录。

（4）体育课运动负荷的评价

评价体育课的运动负荷的具体内容一般包括：

①每次课的平均心率是否合理，是否有利于增进学生身心健康？

②心率曲线变化趋势是否有助于学生学习和掌握体育知识技能？

③课中练习前后学生心率的变化范围大小。休息间歇是否合理？

④课后心率恢复情况如何？学生反馈的信息如何？

⑤分析运动负荷增强的原因，提出改进意见与方法。通过分析课的心率曲线变化规律，可知道各项活动的强度情况。课的心率曲线变化趋势过程一般有高峰偏后型、高峰偏前型、中峰型、双峰型、齿峰型五种。

2.体育课的心理负荷

（1）心理负荷的概念

体育课上学生不但要承受一定的运动负荷，而且也要承受一定的心理负荷。体育课的心理负荷是指在课中学生心理上所承受各种刺激量与强度的程度。教师根据课的教学目标及实际情况，合理安排课的心理负荷，并注意调节课中学生心理负荷的节奏，对实现教学目标及促进学生身心健康发展具有重要的意义。

目前，主要以注意、情绪和意志三方面心理活动指标来综合评价体育课的心理负荷。

注意是人的心理活动对一定对象的指向和集中。它是联系教与学活动的纽带，是上好课的基础。在体育课中，学生的注意主要表现为对讲解、示范、学与练的注意的集中程度、稳定程度和转换程度。

情绪是指人认识客观事物时产生的态度、体验。它是心理活动的核心，在心理负荷评价中占主要地位。情绪不但在很大程度上反映出课中学生的学习态度、兴趣、动机的强弱程度，而且可在不同程度上影响学生注意的稳定性和意志的努力程度，如课中学生情绪活跃、关系融洽，有助于各项教学活动的顺利进行，则能达到预期效果；否则，反之。

意志是指学生根据自己的情况确定目标、克服困难、努力实现的心理过程。意志是完成学习动作，承受运动负荷的保障。课中学生的意志表现为意志的自觉性、意志的坚持程度、意志的自控程度和意志的努力程度等，其中意志的努力程度表现得较为突出，如注意紧张时、肌肉紧张时以及克服疲劳和控制厌恶、消极等情绪的意志努力程度。

（2）体育课心理负荷的安排

体育课中学生的心理活动变化趋势一般表现为：注意的高峰一般出现在课的前区15分钟处；情绪的高峰一般分别出现在课的前区 4～18 分钟处和后区 36～40 分钟处；意志的高峰一般出现在课中 20～30 分钟左右处。它与机体活动变化规律所呈现的工作状态相一致。因此，在课中应根据学生心理活动变化的规律，合理地安排教学进程，使学生能承受适宜的心理负荷，在具体操作时应注意以下要求：

①应根据学生心理负荷变化的趋势来安排教学内容。

②使学生的情绪保持适宜的状态。

③注意练习与休息的合理交替。

④调控教学内容的难度与进度。

（3）体育课心理负荷的测定

心理负荷测定是对课中学生心理上承受各种刺激所产生的变化程度进行描述的方法。体育课心理负荷测定方法包括问卷法、图示反馈测定法、自我评估法、教育观察法等。目前，在体育课中心理负荷测定常用的方法有教育观察法、学生自我评估法以及这两种方法的综合运用。

　　教育观察法是指教师对课中学生的心理特征、行为的表现进行观察、记录并参照心理负荷量表作出判断的方法。这种方法是通过文字等级转换成数值（分值），然后将所得分值与量表进行对照、分析。

　　学生自我评估法是指学生根据自己在课中承受心理负荷的感受和行为表现作出评价的一种测定方法。由测试人员预先制定有关课的心理负荷自我评估量表，课后发给学生，让每人进行填答，再回收进行统计、整理。然后将其结果与教育观察法得出的结果进行比较、综合分析。学生自我评估法的主要缺点是学生自我评估缺乏全面性和真实性，这涉及学生对自己行为的了解程度和态度。因此，采用此法时，应使学生掌握心理负荷的知识与规律，明确测试的目的，才能取得好的效果。

第三节　学校体育课的教学组织

一、体育课堂教学的含义

　　体育课堂教学组织关系着体育教学能否正常、有序地发展。良好的体育课堂组织管理是体育教学质量的保证，是体育教师专业工作的基本内容之一，同时也是体育教师教学能力的重要内容。

　　体育课堂教学是指在学校规定的一节课中，按照教学计划规定的内容，由专任教师和学生在规定的教学时间及地点进行体育教授和学习活动的过程。

　　在体育课堂教学概念中包含三个规定因素：其一，是有规定的时间，即体育课堂教学是在规定的时间内进行的（通常每周是按一定间隔时间安排两次课）。其二，是有规定的内容，并有专任教师进行有目的、有计划的、规范系统的教学。其三，是有规定的教学地点，它区别于课外体育活动和学生自由的体育锻炼行为（通常是安排在各种体育场馆内进行的）。

二、体育课堂教学过程的组织

　　因为体育课基本上都是在室外进行的，所以组织教学的目的就是要排除各种干扰，激发学生兴趣，从而完成教学任务。只有合理而周密地组织教学，才可能使学生从心理和物质上做好充分准备，从而保证体育教学过程的顺利进行。因此，组织好教学是上好体育课的关键。

在教学过程中，教师、学生、教材三者通过复杂的相互作用使教学成为一个动态的统一过程，在这一过程中，教师采取一定的组织教学形式来完成一定的教学任务，从而实现教师的"教"和学生的"学"的目的。然而，教无定法，任何教学方法和组织形式都是根据一定的教学内容和教学对象而变化的。

1. 根据体育课的特点组织教学

在体育教学中，教师组织学生进行身体的各种练习，使学生的体力活动与思维活动紧密结合，从而掌握体育知识、技能和技巧以及室外上课的特点。

首先要抓好体育课堂常规的组织教学。体育课堂常规是规范体育课的必要条件，教师必须严格、认真、坚持不懈地抓好体育课堂常规教育；其次要抓好体育课各阶段的组织教学。体育教学过程是由开始、准备、基本、结束四个部分组成的，由于四部分的教学内容和学生情绪各不相同，因此，教学中教师要灵活地组织教学，充分调动学生的学习积极性，切忌出现先紧后松、虎头蛇尾的不良现象。

2. 根据教学内容特点组织教学

（1）相同教学内容的组织教学。体育课中，同一教学内容在不同课时中重复练习的难度要求是不一致的。如：一年级投掷内容，第一次课是要求学生初步学会投掷方法；第二次课则要求学生进一步掌握投掷技术等，之后每一次课对学生动作的难度要求都有所提高。对此，教师在教学中如果对同一教学内容每次都采用同样的组织教学方法，学生自然会感到枯燥、无味而分散注意力。因此，教师要根据"动型"规律逐步提高动作难度，适当改变组织教学方法，激发学生的学习兴趣。如上述的投掷一例，随着课时的变化，教师可采用"打靶"一类趣味性游戏或竞赛等方法，达到激发学生兴趣的目的。

（2）不同教学内容的组织教学。高校体育包括田径、球类、技巧、武术、体操等多种教学内容，不同的教学内容有着不同的特性。因此，教师在教学中要善于把握教学内容特点，挖掘教学内容潜力，将组织教学与教学内容特点进行有机结合，改变传统的、千篇一律的组织教学形式，变学生被动接受为主动学习，从而充分发挥每个学生的主动性和创造性，提高教学效果。如田径教学内容中的"跑"，教师可以充分利用跑的特点，运用竞赛、奔跑游戏等方法来增加教学内容的趣味性。

3. 根据学生生理和心理特点组织教学

学生的生理和心理特点主要表现为：有意注意时间短，兴奋过程和无意注意占优势，好奇、好动、好模仿、好竞争等。同时，一节课中，学生的注意力、意志和情绪心理活动的变化也是不同的。教学中，教师要充分利用青少年儿童的生理和心理特点来组织教学，合理安排教学内容。学生注意力在课的前半部达到高峰，意志力在课的中后部达到高峰，情绪则在课的后半部达到高峰。根据这一特点，教师在组织教学时应把新教材安排在课的前半部分，有利于学生对新教材的学习、理解和掌握；在课的后半部分则应安排一些竞争性、游戏性较强的内容，以激发学生兴趣。同时，也要做好主教材与辅助教材的搭配，尤其要抓住主教材与辅助教材的内在联系组织教学，以提高教学效果。

根据儿童生理和心理特点，在教学中，应灵活运用组织方法，教师的组织教学要尽量体现出"新、奇、活"的特点，采用多种多样的、生动活泼的、使学生能够产生强烈兴趣和新鲜感的组织形式，以增强教学的吸引力，激发学生的学习兴趣和热情。如传统的调整队形的方法显得机械、死板、单一，且容易出现散乱的状况，而此时教师采用游戏或舞蹈等教法进行衔接，既会使学生感到新奇，又会使教学活而不乱，达到顺利过渡的目的。

同时，教师在教学中也要充分发挥"手势、眼神、语言"的作用，即运用"手势指挥，眼神暗示，语言激励"的组织方法。"手势、眼神"是无声的语言，具有其他组织方法不可替代的作用。如学生在教学中注意力分散时，教师用眼神暗示，就会集中学生注意力。教师的语言激励要以表扬性、勉励性的语言为主，不断激发学生的学习兴趣。总之，教师在教学中要根据具体情况，灵活运用组织方法，保证教学过程的顺利进行，从而实现教学目的。

三、体育课堂教学的组织形式

体育课的教学组织形式主要包括两个部分：一是编班分组，二是分组教学。

（一）编班分组

目前我国体育课常用的编班分组形式有三种：

1.按自然行政班上课

可按原班男女生混合上课。

2.按男女生分班上课

可将同年级若干班级的男女生先分别合起来，再按编班容量分成男生班、女生班分别上课，多用于普通高校的体育课。

3.按选项模块分班上课

可将具有相同兴趣和爱好的学生组成若干班，再以班为单位分别上体育课，多用于普通高校的体育课。

（二）分组教学

分组教学是把一个班分成若干小组，教师以小组为单位来进行指导的教学组织形式。这种教学既保留了班级教学的长处，又能在一定程度上解决区别对待的问题，即教师可以根据各小组的不同特点进行不同的指导。这种分组通常是以学号、身高等自然因素来进行的，也可将学生按照运动能力的原始成绩分成不同水平的小组，教师根据不同小组的实际水平进行教学。每组指定的小组长，通常起着"小教师"的作用。近几年来，随着改革的不断深入，体育课堂教学中涌现出了多种分组方式。

分组教学需要两个步骤来完成：第一步，教学分组；第二步，分组教学。

1.教学分组

（1）随机分组。随机分组就是按照某种特定的方法或标准，将学生随机分成若干小组。小组成员之间没有共性，小组之间也没有明显差异。随机分组简单、迅速，具有一定的公平性。缺点是无法很好地做到区别对待，无法考虑学生的兴趣、爱好与体育需求，不能满足学生个性的发展及需求。

（2）同质分组。所谓同质分组，是指分组后同一个小组内的学生在体能和运动技能上大致相同。同质分组的方法在教学中常常自觉和不自觉地得到运用。例如，在田径的跨栏课教学中，我们常设置不同高度的栏架让学生进行选择，经过一段时间的练习，每各学生基本可以选择最适合自己的栏架高度进行练习，这时的分组形式即为同质分组；在篮球教学中，常常会将篮球技术水平相当的学生分在一起活动；在田径的短跑课教学中，学生总是要找与自己速度差不多的同学一起跑，这就是典型的同质分组。

（3）异质分组。所谓异质分组，是指分组后同一小组内的学生在体能和运动技能方面均存在显著差异。异质分组不同于随机分组，是人为地将不同体能和运动技能水平的学生分成一组，或根据某种特别的需要对"异质"进行分组，从而缩小各小组之间的差距，以利于开展游戏和竞赛活动。例如，教师可根据需要按照某个项目的原始成绩，用蛇形排列的方式将学生平均、合理地分在各个小组中，此时形成的小组就是典型的异质分组。又如，在练习某一运动项目时，每个小组中男女生的比例相当，然后小组之间展开竞赛，这样的分组也是异质分组。同质和异质的含义可以从心理学角度、身体素质角度、学习程度角度、道德品质角度等不同角度来进行人为区分，从而选择有效的学习方式和方法。

2. 分组教学

分组教学是根据课的教学目标和要求将全班学生分成若干小组分别进行练习，以实现教学目标的教学组织形式，一般可分为分组不轮换与分组轮换两种形式。

（1）分组不轮换。是将学生分成若干小组，在教师统一的指导下，各组按教材内容安排顺序，依次独立地进行学习，完成教学目标，其优缺点与全班教学基本相同。凡是场地、器材条件充足的学校，应多采用这种教学形式，以便提高学生练习效果，发展学生体能。

（2）分组轮换。是将学生分成若干组，在教师的指导和小组长的协助下，各组分别学习不同性质的教材内容，按规定的时间轮换学习内容的教学组织形式。这种形式的优点是在班级人数较多、场地器材不足的情况下，可以使学生获得较多的实际练习机会，提高学生练习的密度，培养学生独立学习的能力，有利于学生互帮互学，培养学生自学、自练、自评能力。缺点是教师不易全面指导学生，不易合理地安排教学顺序和灵活地掌握教学时间，不能使各组的运动负荷达到逐步上升的要求。分组轮换一般可采用以下几种形式：

①两组一次等时轮换。在学生人数不多、新授内容比较困难、复习内容也比较复杂的情况下，可采用这种教学组织形式。即上课时一组学习新内容，另一组复习旧内容，如基本部分时间为 32 分钟，到 16 分钟时互相轮换一次。

②两组一次不等时轮换。在新授教材难度大、复杂，需加强辅助练习或诱导练习时，可采用这种教学组织形式。如上课时基本部分为 30 分钟，第一组学习新教材跳山羊（17 分钟），其中前 4 分钟进行跳山羊的辅助练习（踏跳、推手），后 13 分钟进行跳山羊练习。第二组复习旧内容双杠（13 分钟），该组到 13 分钟时由教师讲解、示范所学新内容，并指导安排学生进行跳山羊辅助练习（4 分钟），到 17 分钟时第一组轮换复习双杠，第二组练习跳山羊，这种形式便于教师指导和做辅助练习、诱导练习，能保证学习主教材的时间和效果。

③三组两次等时轮换。在班级人数较多、器材较少、新内容比较容易或复习内容较熟悉的情况下，以及考核前的复习课都可采用这种形式。即将全班学生分为三组分别学习或复习不同的内容，到基本部分 1/3 的时间时，三组依次轮换，到基本部分 2/3 的时间时，三组再依次轮换一次。即每一组学习三个不同的教材内容。这种形式有利于提高学生练习的密度、发展学生体能、巩固学习效果，但教师难以同时照顾三个组

的练习，对教师的组织管理水平要求较高，要求体育骨干能力强，学生守纪律、自觉性高。

④先合（分）组后分（合）组轮换。课中先将全班集中练习同一内容，然后分组练习不同的内容，并按时轮换。或反之，即课的内容有的不易分开练习，如武术、舞蹈、耐力跑等，而有的不易集中练习时，如单、双杠等，可采用这种形式。

在具体选择上述各分组轮换的教学组织形式时，分组轮换教学需要注意的问题如下：

第一，在班级人数少、场地器材条件充足的情况下，尽量不要采用分组轮换的形式。

第二，分组轮换教学时，教师应重点指导学习新内容的小组，兼顾复习内容的小组。如果都是复习内容，应重点照顾教材难度较大或带有危险性的内容的小组，如铅球、铁饼、单双杠等。

第三，在安排内容顺序和生理负荷时要先照顾体弱组、基础水平差组和女生组。

第四，重视体育骨干的培养和发挥他们的作用，让他们协助教师做好分组教学组织和队伍调动工作，并要求全体学生守纪律，服从指挥，以便迅速、有序地进行轮换。

四、合作学习小组的建立

"合作学习"，即成立两人或两人以上的学习小组。建立合作小组属于合作学习的重要环节，组建这个小组的方式对合作取得的效果也起着至关重要的作用。在合作学习实施中小组分得是否合理、得当与学习效率的高低密切相关，这就要求我们的体育教师在安排合作学习之前要深入了解自己的学生，提出科学、灵活的组建方案。首先可以由体育教师和班主任合作将全班学生按照性别、学业成绩、个性特点、家庭、社会背景、守纪状况等方面的差异组成"组内异质，组间同质"的合作学习小组；其次也可以用一节课的时间进行学生原始成绩的测试，根据学生的原始成绩，组建"同质或异质"的合作学习小组。

教师在组建合作小组时，应注意结构的合理性。一是小组人数要合理，一般以7～8人为宜。人数太多不利于学生间的交流和个人能力的充分展示，人数太少也不利于学生间的交流和互助。二是分组应按照学生的身体素质、学习能力、性格特点的差异进行分组，让不同素质、不同层次的学生进行组合。这样分组不但有利于学生间的相互促进，而且全班各小组之间也能展开公平的竞争。三是小组成员还可以按活动任务的需要让学生进行自由组合，这样可以使学生有新鲜感，提高他们合作学习的兴趣。

小组合作学习的教学策略有利于促进学生主体性的发展，要进行小组合作学习教师必须转变教学观念，必须建立集体教学、小组合作学习与个别指导相结合的有利于促进学生主体性发展的教学组织形式。体育教学中进行小组合作学习，有利于建立学生间和师生间的良好人际合作交往关系的形成，有利于促进学生的主体性发展，提高学生运动技术水平，更好地体现体育教学的实效性。

第二章　现代体育教学管理发展探析

现代体育教学管理是一个发展中的学科，在新时期我国日益重视发展高校体育教学的背景下，探索我国体育教学管理的发展、重视体育教学管理效果的改善与科学管理机制的建立具有重要的理论与现实意义。本章主要就现代体育教学管理的发展进行探析，在分析体育教学管理效果评价、管理机制科学建立的基础上重点对现代体育教学管理的决策与计划、发展与创新进行研究，旨在为进一步推动我国现代体育教学管理的科学化发展提供思路与参考。

第一节　现代体育教学管理的效果评价

一、体育教学管理评价的概念

所谓体育教学管理评价，具体是指运用一切可行的评价技术手段，对学校体育活动及其效果进行测量，并予以价值判定的过程。体育教学管理评价的实质是对体育教学活动从影响和效果两个方面给予价值上的判定，并积极引导体育教学活动朝预定的目标发展。

二、体育教学管理效果评价的程序

（一）确定评价目的

评价目的对体育教学管理效果评价具有指向作用。解决为什么要进行评价是进行体育教学管理评价的首要环节。而且任何一项体育教学管理评价活动，都是在一定的目的的指导下进行的。体育教学管理评价的具体目的不同，评价的内容、组织形式和方法也不同。

（二）成立评价机构

在体育教学管理过程中，体育教学评价小组或评价机构是体育教学管理评价的主体，成立体育教学管理评价小组或评价机构时，要依据具体的情况来确定组成的性质、规模及人员组成。体育教学管理评价小组或评价机构可以是具有长期的连续性和稳定性的，也可以是临时性的。但是，无论是什么样的评价小组或评价机构都必须具有权威性，体育教学管理评价小组或评价机构一般由分管领导和专家组成。

（三）制定评价标准

评价标准是决定效果评价是否科学的重要基础。确定体育教学管理评价的目的之后，就需要解决评价什么的问题了，也就是对体育教学管理评价的目标进行分析并使之具体化。体育教学管理评价者要对评价指标认真进行研究，并尽量通过试评获取典型或实例，以便统一尺度，进而制定合理的体育教学管理评价标准和指标体系。

（四）收集评价信息

在体育教学管理实践中，收集信息也是实施体育教学管理评价的一个重要环节。在高校体育教学评价过程中，收集信息的方法主要有以下几种：

（1）观察法：评价者依据指标内涵的要求和评价对象的特点，有目的、有计划地直接进行自然状态下或控制条件下的观察，进而获取评价的信息资料。

（2）问卷法：评价者通过调查评价对象而获取评价信息。问卷法具有保证参加人员的隐蔽性的优点，能够有效地保证调查的真实性和客观性，有利于提高搜集信息的效率，且具有时间范围的可调节性。

（3）访谈法：评价者依照访谈提纲，通过和评价对象面对面谈话或者是小组座谈会的方式直接搜集信息。

（4）测验法：评价者依据评价内容制定等级量表和标准的试题，用以收集评价信息。

（5）文献法：评价者通过查阅与评价对象有关的文字记载的材料，收集评价资料。

（五）判断评价结果

对收集到的评价信息进行加工处理。只有对评价信息进行加工处理（反馈评价结论、意见或建议），才能作出科学的、正确的判断。同时，要指出评价对象的优点及其存在问题，并分析原因，进而提出改进办法和措施。在实施评价的过程中如果发现方案有缺陷必须及时进行修正，以保证评价的客观、真实、有效。

三、体育教学管理效果评价的原则

（一）客观性原则

在体育教学管理效果评价时，客观性原则是需要遵循的重要原则之一。由于对学生的学与教师的教作出客观的价值判断是体育教学管理效果评价的目的，如果缺乏客观性原则就失去了其真正的意义，而最终导致错误的教学决策。因此，在体育教学管理效果评价中必须贯彻客观性原则。

（二）全面性原则

全面性原则是体育教学管理效果评价必须遵循的重要原则之一，其主要表现在对组成教学活动的各个方面做到全方位、多角度评价，从而使以偏概全、以点代面的现象得到有效避免。体育教学系统的复杂性和教学任务的多样化，往往能够从不同的侧面反映出体育教学质量，表现为一个由多因素组成的综合体。鉴于此，要求教师必须多角度、全方位地评价教学活动。另外，需要强调的是。在评价过程中，应善于把握主次，区分轻重，抓住主要矛盾，将重点放在决定体育教学质量的主要环节与主导因素上；与此同时，还要将定量评价和定性评价有机结合起来，使其相互参照，从而对客体的实际效果进行全面准确的评价。

（三）科学性原则

科学性原则是体育教学管理效果评价必须遵循的重要原则之一。具体来说，就是要以客观规律为主要依据，实事求是，努力实现评价方法、标准以及程序的科学化。在进行教学评价时，要想将经验和直觉的影响力降到最低，正确的做法是以科学为依据。只有科学、合理的评价才能将体育教学的指导作用充分发挥出来。科学性的要求主要体现在两个方面，一个是评价目标、标准的科学化，另一个则是评价方法和程序的科学化。

在体育教学管理效果评价中贯彻科学性原则时，要做到以下几个方面的要求：

（1）应从教与学相统一的角度出发，以体育教学目标体系为依据，将统一、合理的评价标准确定下来。

（2）要将先进的统计方法与测量手段进行推广并使用，同时，还应认真、严谨地对获得的各种资料和数据进行处理。

（3）还要对编制的评价内容进行认真的预试、修订与筛选，并且达到一定的指标后，才能在实践中进行广泛的运用。

（四）指导性原则

在进行体育教学管理效果评价时，还要遵循指导性原则，具体来说，就是不能就事论事，应把评价和指导有机结合起来，要使评价者在对自己有全面的了解之后，能够有效地指导自身以后的发展。换句话说，就是要认真分析评价的结果，从不同角度将因果关系找出来，将问题产生的原因找出来，并通过信息反馈，被评价者能够将今后努力的方向明确下来。

在体育教学管理效果评价中，贯彻指导性原则应做到以下几点要求：

（1）必须在一定数量评价资料的基础上进行指导，从而使缺乏根据的随意评价和表态的现象得到有效避免。

（2）要做到及时反馈、指导明确，一定要使含糊其辞和耽误时机、使人无所适从的现象得到避免。

（3）要具有启发性，留给被评价者思考与发挥的余地和空间。

四、体育教学管理效果评价的内容

（一）管理体制评价

学校体育管理体制评价主要是评价学校是否已设立以校领导为首的各层学校体育管理机构，如学校体育管理各层次的职责是否明确、学校领导是否直接分管体育、分管校领导是否经常关心学校体育工作的发展、学校体育规章制度是否建立和健全等。

（二）师资队伍评价

对体育教师的评价主要有两个方面，即对体育教师素质的评价和对体育教师工作的评价。

1. 对体育教师素质的评价

（1）政治素质评价：体育教师政治素质的评价主要包括对思想道德修养、良好的文明行为习惯、政治理论的考核成绩、遵纪守法、工作态度、教书育人、为人师表、坚持四项基本原则、参与民主管理等方面的评价。

（2）心理素质评价：体育教师的心理素质评价的内容主要包括四个方面：一是思维敏捷、缜密，能向学生传授有严密逻辑的知识体系；二是具有敏锐、细致的观察力；三是情感丰富，能以自己乐观、愉快的情绪感染学生；四是具有坚强的意志品质，能克服困难并保证体育教学的顺利进行。

（3）知识结构素质评价：对体育教师知识结构素质评价包括两个方面，一是能比较系统地掌握教育学和心理学知识；二是必须具有全面、系统的体育专业知识，并对相关学科的基本常识有所了解。

（4）能力素质评价：主要包括对教学能力、活动组织能力、教育管理能力、表达能力、创新能力、开发和运用体育资源的能力、教育科学研究能力等的评价。

（5）可持续发展素质评价：主要包括对教师接受新理论、新方法、新技术的能力，自学能力，自觉发展能力，科研能力等的评价。

2.对体育教师工作的评价

（1）教学思想评价：对教师是否重视教书育人，是否重视学生的全面发展，是否有改革创新的精神等的评价。

（2）教学内容评价：对教学内容是否科学性和思想性统一，是否紧紧围绕教学目标安排，是否科学组织教学与训练活动，是否合理安排教学与训练内容的评价。

（3）教学方法评价：对教学方法选用是否具有启发性并有助于学生独立思考、分析和解决问题的能力以及创新精神的培养，是否与学生的身心特点相符合并有助于激发他们的学习兴趣和动机等的评价。

（4）教学技能评价：对教师的讲解语言是否准确、规范、简洁，术语是否正确运用，示范动作是否正确、优美，是否能正确地处理意外和突发事件的评价。

（5）教学效果评价：对教师是否能调动学生的学习积极性和主动性，是否能激发和保持学生运动的兴趣并促进学生养成体育锻炼习惯，是否能培养学生顽强、勇敢、合作、竞争的心理品质的评价。

（三）教学对象评价

学生是学校体育教学的对象，对学生的评价重点在于其体育学习情况，具体包括以下几个方面的内容：

（1）对学生思想品德的评价：对是否尊重教师和其他学生、与教师和其他学生友好共处，遵守规则和秩序的评价。

（2）对学生体育学业的评价：具体包括对学生身体素质和运动能力、体育基础知识、运动技能、学习情感的评价。

（3）对学生学习能力的评价。

（四）教学条件评价

学校体育教学条件评价对学校体育教学管理的效果具有重要的影响作用，学校体育教学条件评价的内容主要包括体育场地、器材的配备是否符合标准、体育经费占教育经费的比例等。

此外，还要重视教学人际环境的评价。对于体育课来说，教学的环境、教学的载体并不是单一的，而是多样化的，因此应充分考虑课堂文化与师生的关系。

第二节 现代体育教学管理机制的科学建立

一、现代体育教学管理机制的概念

"机制"一词源于希腊文，其本意是"机器的构造和动作原理"。随着学科的不断丰富和发展，"机制"一词被引入管理学领域。在管理学中，"机制"的本意并没有被更改，只是将其与管理学进行了结合，构成了新的名词"管理机制"。

管理机制具体是指管理系统内各构成要素之间相互联系和作用及调节的方式，它的实现依托于建立一定的组织机构和与组织机构相符的组织制度。组织机构的建立将系统内的相关关系人根据需要分配到组织系统内的各个部门；制度的建立是针对系统内各个岗位职能制定的各岗位人员的行为规范。因此，机制的实现形式是机构加制度。机制是否能保证系统内的各要素的作用正常且充分地发挥是评判一个管理机制是否优秀的主要依据，具体是指该机制的建立是否能达到人尽其才、物尽其用，充分调动所有组织人员的积极性。

总结认为，体育教学管理机制是指为保证体育教学的顺利进行所涉及的各级与体育教学相关的组织或机构、各利益相关主体之间为一个共同目标相互作用的关系体系。体育教学管理机制通过有关制度的制定和实施，来规范体育教学组织内部的各种相关利益主体的行为，以保证整个管理体系的正常、有序运转，同时确保高素质、高技能人才培养目标的实现。

二、现代体育教学管理体系机制构成

实践证实，完善的体育教学管理体系及管理机制对学校的教学质量的提高具有重要意义，具体来说，在我国现代学校体育教学管理中，管理体系大体可以分为两种。即宏观学校体育教学管理体系与微观学校体育教学管理体系。

（一）宏观体育教学管理体系构成

宏观学校体育教学管理体系是指在学校内与学校外实施体育教学过程中涉及的全

部要素。从校外的各构成要素来看，体育教学涉及的内容包括政府部门和企业、行业、社区、家长等。

（二）微观体育教学管理体系构成

微观学校体育教学管理体系是指专门针对在学校内实施体育教学过程中涉及的要素。从校内的各构成因素来看，各级、各类学校的历史发展和实际情况不同，该学校的校园机构设置及其管理层次也必然会具有不同的特点，但不管这些内容有多少不同，各构成要素在涉及的利益主体的问题上都是共同的，其共同的主体均为学生、教师和管理人员。

（三）体育教学管理体系机制制定

在现代学校体育教学管理实践中，系统的管理体系及其运行机制的建立，必须要考虑到不同利益主体之间的关系。因此，学校系统中凡是与体育教学相关的各级管理机构的设置、不同管理人员的配备、体系制度的制定等都应围绕更好地实现学校体育教学的培养目标来确定，即要充分调动教师与学生的体育教学与体育学习的积极性和主动性，进而保证学生在体育运动实践中提高对运动技能的掌握与运动水平。

长期以来，我国的学校体育教学管理更多的局限在狭义层面的体育教学管理体系中。而在实际的学校体育教学工作实践中，体育教学管理受多种因素的影响，尤其是现阶段，随着体育教育与社会需求之间的关系日益紧密，学校体育教育对社会大环境更为依赖，必须满足社会对人才的需求，以进一步促进学校自身的发展。

现阶段，要实现体育教学管理的科学化发展，就必须要求学校与社会的联系更密切、更开放，不断提高体育教学质量，培养与社会岗位对口的现代化全能人才，以促进学生发展和社会发展的共同实现。

三、现代体育教学管理机制的建立

现代体育教学组织机构管理机制的建立是规范现代体育教学组织机构日常工作、提高现代体育教学组织人员工作积极性的重要前提和基础。一个相对完善的体育教学管理机制主要包括以下几方面的内容：

（一）激励机制的建立

1.激励的依据

激励是现代体育教学过程中经常用到的教育手段，它是学校为实现培养优秀人才的教学目标而采取的重要措施和手段。现代体育教学管理激励机制主要是根据在学校从事体育教学的三个主要因素来建立的，即根据教师、学生、管理者的利益取向来确定的，目的是通过各种措施与手段来调动教师、学生、管理者的积极性，激发教师、学生、管理者的工作与学习热情，进而不断提高学校体育教学的质量并不断促进学校体育教学的可持续发展。

在现代体育教学管理的激励机制中，激励的主体一般为激励活动的组织者、发起者，通常是指老师、教员等；激励的客体具体是指被激励的对象，一般为接受教育的学生。现代体育教学管理的激励机制中，教师、学生、管理者既是激励主体，同时又是激励客体。

2.激励的方式

通常来讲，激励的方式主要有两种，即物质激励和精神激励。这两种激励方式在现代体育教学管理体系中的应用具体如下：

（1）物质激励：主要包括奖金、奖品、优厚的福利待遇，还有职务、职称、工资的晋升等。例如，在对教师与管理者的激励中，最受被激励者关注的是教师职务的晋升，这主要是因为教师职称的晋升会直接影响到其收入和未来教师生涯的走向。因此，学校必须对此给予高度的重视，要充分运用职称的科学评定将教师的工作重心引导到学校期望的目标和方向上来。现阶段，我国学校教师的职称晋升的依据，一直是教师发表的论文、著作、科研课题的数量，发表论文、刊物的级别等。事实证明这是一种极为片面的评定标准，不能全面地反映出不同教师的教学质量的高低。例如一些教学经验丰富、教学质量高、深受学生欢迎的教师往往会因为其所发表的论文、著作、科研课题的数量不够而不能得到有效的晋升，而一些教学水平不高的教师却能通过这些途径获得晋升机会。由于对教师的评价标准不科学、不合理，很难调动教师群体致力于教学工作的积极性，不利于体育教学质量的进一步提高。

（2）精神激励：精神激励是通过对激励客体授予某种荣誉称号来实施的。通常来讲，荣誉是组织对个体或群体的一种积极的、肯定性的评价，能够满足接受激励的个体或群体自尊的需求，是能激发个体或群体积极向上的重要手段。精神激励的成本低廉，但如果运用得当能取得比物质奖励更好的激励效果。在现代体育教学工作中，给予一些在体育教学工作中表现比较突出的先进人物必要的荣誉奖励是一种很好的精神激励方法。

3.激励的注意事项

物质激励和精神激励两种方式都有各自的优势和缺点，要想合理运用以发挥它们最佳的激励效果，在实际的运用过程中应注意以下几点：

（1）激励机制要公平、透明

公平性是激励机制应遵循的重要原则之一，一旦失去公平，各种评选暗箱操作就会频发，使得激励机制成为少数人的牟利制度，这样不仅不能起到激励效果，反而还会造成个体或群体对组织机构的不信任，导致组织机构人员工作或学习的积极性降低。因此，良好的激励机制必须要在广泛征求教职工、学生意见的基础上建立，而且这种激励机制一旦建立就应公之于众，让组织中的人员共同进行监督，以期达到引导组织机构人员行为、激发大家竞争意识的目的。

（2）不同激励方式结合使用

在现代组织管理体系中，奖金、福利等物质激励是一种使用较普遍的激励方式，但它并不是万能的。最重要的是要建立一套以人为本的激励机制，要完全从人的角度来考虑问题。这就要求激励机制的建立应能尽量满足不同人的不同需求，以便能更加有针对性地实施激励，让被激励者真正感觉到受到了人们的尊重。在学校体育教学训练管理体系中，对学生的激励应以精神激励为主，可适当辅以物质激励。

（3）激励与日常考核结合使用

单纯的激励机制不能从根本上推动日常工作的有效进行，还必须依赖于日常考核标准，因此，必须把激励机制与日常考核结合起来，将激励所激发的内在动力与考核的外在约束结合起来形成合力，以挖掘组织机构人员的最大潜能。

在体育教学训练管理过程中，良好的激励机制会使教师更加主动地参与社会实践，在教学中的投入会更加自觉，学生也会将此作为动力，兴奋地继续朝着自己崇高的理想前进，师生关系也会变得和谐、融洽。管理者也会不断追求科学管理、人性化管理，不断提高自己的管理水平。

（二）保障机制的建立

1. 保障机制建立的必要性

（1）随着现代体育运动的不断发展，新材料和高科技器材被不断应用于现代体育教学中，因此，学校体育教学中的体育教学设备应该得到必要的升级并重新进行购置。

（2）现阶段我国分发到各个地区的教育资金尚不能做到全面满足各级、各类学校的实际需求，经费短缺是各学校教学所遇到的共同问题，是目前影响我国教育发展的主要"瓶颈"。

（3）在教育资金分配上也存在着问题，由于教育资金有限，因此只能暂时支持主要教学内容。和其他学科相比，体育教学能分到的教育资金较少，很少有学校能完全满足当前体育教学的需要。

因此，学校体育教学的健康发展有赖于保障机制的建立。

2. 保障机制的具体内容

现代体育教学管理体系中保障机制主要包括国家社会层面与学校内部两个方面，具体如下：

（1）从国家社会层面来讲，必须完善教育投入的法制体系建设，要在国家层面将教育投入在国内生产总值中所占比例通过立法的形式予以解决，以保证我国学校教育的投入。

（2）从学校内部来讲，教学支出应是学校支出的主要部分。在学校中，各级、各类学校可以结合本校的实际情况采取院系两级管理的财务预算管理，或是学院一级管理的财务预算管理方式。但无论哪种管理方式，都要保障一线教学的需求，尤其是要使学生实训、校外顶岗实习所需经费得到保障。

（三）风险处理机制的建立

1. 风险处理机制建立的意义

和其他学科的教学内容不同，体育教学的主要授课内容几乎全部都是身体运动。因此，在体育教学过程中，应加强对学生的安全管理，对学生的每一种行为都要进行严格观察，随时排除风险隐患。

在现代体育教学实践中建立风险处理机制，能使体育教学始终在安全的基础上进行，具体来说，学校应根据风险可能发生的概率和严重程度作出不同程度的判断，建立可靠的风险处理机制，将可能发生风险的因素降到最低。如果风险发生，那么就要在第一时间把事件的负面影响降至最低，防止事态的进一步升级，以保证体育教学顺利、有序的进行。

2. 风险主体的构成

一般来说，风险由客观事物和人为主体构成，具体如下：

（1）客观事物构成的风险：主要是指体育教学周边环境所带来安全隐患的风险。例如，在每堂体育课程开始之前，体育教师、场地或器材的管理人员要对所用的器材进行全方位的检查，如篮球架是否牢固、单双杠是否结实、场地周边是否有障碍物或利器等。

（2）人为主体构成的风险：由于学生对于所学运动技能掌握得不扎实，导致运动中出现错误动作而引发受伤等安全隐患的风险，如学生因没有掌握正确的保护动作而导致运动损伤等。

第三节　现代体育教学管理的决策与计划

一、现代体育教学管理的决策

（一）体育教学管理决策的含义

"决策"意为"做出决定或选择"，体育教学管理决策具体是指通过分析、比较，结合实际情况选定最优体育教学管理方案的动态过程。现代管理理论认为，决策包括提出问题、确立目标、设计多种方案，在综合分析不确定条件下发生的偶发事件（既无先例，又没有可遵循的规律）的基础上，从几种备选的行动方案中做出最终抉择等阶段。体育教学管理中的决策是领导者的基本职能，科学、合理的决策对于解决关系到学校体育教学工作的顺利开展、有序运行以及未来发展等重大问题具有重要作用。

对于学校体育教学管理而言，一方面，决策是领导者的基本职能。在学校的体育教学管理中，科学地进行决策是保证体育教学活动高质、有效开展的重要条件，也是领导水平的重要标志。另一方面。在学校体育教学管理实践中，会发生各种各样的问题，如政策问题、制度取向等，这些问题都关系到学校体育教学工作的顺利开展、有序运行以及未来的科学发展，因此需要通过科学、合理的决策来解决学校体育教学管理中的各种问题。

（二）体育教学管理决策的类型

管理活动开展中可能会遇到很多种突发或在预料之外的情况，因此管理体系内的活动具有明显的复杂性。所以，这对管理者的考验也是很大的，不同情况会使他们采用不同种类的决策。

1. 根据决策的性质分类

（1）程序化决策：指在企业日常经营管理中经常重复发生的问题，如生产作业计划、订货程序等。

（2）非程序化决策：偶然发生的或首次出现的而又带有一定重要性的非重复性决策。

2. 根据决策的作用分类

（1）管理决策：指为保证体系内总体战略目标的实现而解决局部问题的重要决策。如具体的体育教学的管理机制建立、体育教学安排等。

（2）业务决策：指体育教学的基层管理人员和教师为解决日常体育教学工作中的问题所做的决策。

（3）战略决策：指有关发展方向的重大全局决策，这类决策由最高层管理人员做出。战略决策包含决策工作和决策行动两个阶段。首先，决策工作阶段是指从确定目标到拟订备选方案为止的整个过程。例如，关于学校在校内体育教学基地的建设，是自己独资建设还是引进战略合作者，这需要有关方面的专家进行研究、论证，提出可供领导选择的方案。其次，决策行动阶段是指领导者根据专家提出的方案进行选择的过程。

3. 根据决策问题的条件分类

（1）确定型决策：指可供选择的方案中只有一种是自然状态时的决策。这种决策的条件是确定的。

（2）风险型决策：指可供选择的方案中存在两种或两种以上的自然状态时的决策。这种决策的条件是不确定的，但每种决策的自然状态所发生概率的大小是可以估计的。

（3）不确定型决策：指可供选择的方案中存在两种或两种以上的自然状态时的决策。这种决策的条件是不确定的，且决策的结果概率无法估计。

4. 根据决策采用的方法分类

（1）经验决策：这种决策主要依赖于决策者的经历，是通过丰富的经验做出判断而进行的决策，决策者的判断可对可错。在具体的管理实践中，管理者的正确决策得以保留，长期传承继而成为一种固定的经验，而错误的决策也可以起到提醒人们在遇到这类事情不要再做出相同决策的作用。

（2）科学决策：科学决策具体还可以分为以下三个方面：第一，实行科学的决策程序；第二，采用科学的决策技术；第三，用科学的思维方法做决策。随着科学技术的迅速发展，社会活动范围的不断扩大，影响一个事物的因素越来越多。领导者单凭个人的知识、经验、智慧和胆略来做决策具有很大的片面性，容易出现重大失误，因此，现阶段更提倡科学决策。

（三）体育教学管理决策的程序

管理的实质意义就是决策。随着现代社会科学的不断发展和进步，体育教学过程对于管理的科学性、合理性和高效率的要求越发严格。传统的单纯依靠管理者拍脑门做出决策的行为已经逐渐被摒弃。现阶段，只有合理的、科学化的决策才能保证体育教学管理系统的完整、统一，才能确保体育教学工作的顺利进行。因此，在体育教学管理过程中，为了保证决策的科学化和制度化，需要一个科学、合理的决策程序，具体包括以下几个步骤：

1. 确定决策目标

一般的决策目标是根据所要解决的问题来确定的。只有明确了决策目标，把握好问题的本质，才能避免决策的失误，才能从本质入手来解决问题的主要矛盾，促进管理目标的实现。

2. 制订备选方案

制订备选方案是在确定决策目标之后进行的，它是体育教学管理决策的第二个步骤。以是否有利于决策目标的实现为评价标准，决策者通过经验判断法、数学分析法、实验法综合评价几个备选方案。然后对这几个备选方案进行分析、对比，权衡利弊，选出若干个可行方案，以便于进行进一步的评估和抉择。

3. 评价备选方案

对拟订好的、切实可行的几个备选方案进行评价，评价标准是看备选方案是否最有利于决策目标的实现。在实际工作中可以通过经验判断法、数学分析法、实验法对决策备选方案进行评价。

4. 选择最佳方案

对备选方案权衡利弊，最后决策者挑选出一个最佳方案来执行。

二、现代体育教学管理的计划

（一）体育教学管理计划的含义

计划是指为了保证决策目标的实现，对整个管理活动进行详细的统筹规划的过程，是管理的主要职能之一。从大的概念来讲，计划是一个统称，规划、纲要、安排、方案、要点等都属于计划的范畴。计划是决策的展开和具体化，管理活动都是从计划开始的，计划还会贯穿于整个管理过程。

学校的体育教学计划是根据学校对学生的体育教育的培养目标和教学活动确定的一部分体育教学在行动上应当遵循的途径、步骤、措施、手段、方法及资金预算等。其具体可以包括专业体育教学计划、体育教学计划、教师授课计划、体育场馆建设计划、体育器材购置计划、体育师资队伍建设计划等。

正确认识体育教学管理计划，需要正确区分以下概念：

（1）计划和规划、纲要、安排、方案、要点等的区别。从本质上讲，计划和规划、安排、方案、要点等都是一样的。但是，计划多用于中短期计划；规划则指相对长远的计划，多用于长期计划和专项计划；纲要比规划更加概括；安排是短期计划；方案可操作性较强；要点是粗线条式的计划。

（2）计划和计划管理。计划是计划管理的工具；计划管理是以计划作为手段进行的管理活动或管理工作（包括计划的研制、计划的组织、计划的实施、计划的检查监督和计划的评比等活动）。

（二）体育教学管理计划与计划预测

计划与计划预测之间联系密切，二者之间关系的具体表现如下：

（1）预测是计划制订的基础。只有经过广泛且客观的调查后的定性或定量预测，才能被用于计划的制订。

（2）计划反映预测的结果。计划是建立在对未来环境、形势的某种预测的基础之上的。一旦预测有误，那么即使计划再严密、再周全，其结果也将会是彻底的失败。

在体育教学管理中，管理者必须正确地认识计划与预测的关系，要对调查与预测这一计划的前提保持高度的重视。应该认识到如果没有严谨、客观、全面的调查与预测，就不能保证管理计划的科学性、实用性。同样，如果只有预测而不强调计划的执行，就会降低计划的有效性，同时也不利于为下次的科学预测提供正确的参考依据。

（三）体育教学管理计划的主要内容

1.体育教学工作计划

体育教学工作计划是贯彻国家制定的体育教学大纲和教材、科学地安排整个教学工作、顺利完成教学工作目标不可缺少的文件，是体育教师进行体育教学的主要依据。它包括全年教学工作计划、单元教学计划和课时计划等。

2.学年体育工作计划

学年体育工作计划是在长期规划的基础上，概括国家的教育和体育方针、上级领导机关的指示精神、学校工作的中心任务及要求、总结上学年或上学期体育工作，结合学校体育工作的实际情况制订的。

3.业余运动训练计划

学校业余运动训练计划可以分为个人训练计划、集体训练计划、多年训练计划、学年训练计划、阶段训练计划、周训练计划、课时训练计划等。它是学校体育的一项重要任务，业余训练计划是增强学生运动员专项素质的重要保证，应针对学生运动员的运动特点制订合理的计划。实践证实，积极开展业余训练可以增强学生体质，提高学生运动技术水平。

4.教师培训计划

教师在体育教学管理中具有重要的管理与影响作用，现代体育教学管理的完善离不开教师专业素质、技能、水平的提高，因此，教师应不断学习新的知识，不断提高自身的素质。在制订教师培训计划时，要考虑到每个教师的业务水平、年龄层次及学校体育的发展水平，要结合教学的实际情况，在不影响教学的情况下轮流培训教师。教师培训计划是增强教师素质的重要形式。同时，还应加强教师思想意识的发展，促进其自我意识提升。

5.课外体育工作计划

课外体育工作计划是学校体育工作计划的一个重要组成部分，包括全校课外体育工作计划、班级体育锻炼计划和个人锻炼计划等。学校应结合本校实际与学生的具体情况来安排相应的课外体育工作计划。

6.场地、器材计划

制订场馆建设、维护，器材购买、维修计划，应考虑到学校体育的发展情况，同时也要考虑到实际情况，合理地配置有限的财力、物力资源。场地、器材计划制订的最低限度是保证各项教学活动能够正常开展。

7.运动竞赛计划

运动竞赛计划包括年度竞赛计划、学期竞赛计划。它是检查教学质量、衡量运动训练水平、选拔优秀体育人才的重要手段。在体育教学管理实践中，制订运动竞赛计划时应考虑和上级竞赛计划相吻合，在时间安排上要充分利用节假日，项目安排上除考虑竞技体育项目外，还要考虑学生喜闻乐见的项目。

体育教学管理过程中，在制订相应的体育教学管理计划时，应对学校体育教学的各项工作进行科学考虑、合理安排。各项管理计划的制订，既要保证能够充分调动各方面的积极性，又能够促进教学质量的逐步提高。

第四节　现代体育教学管理的发展与创新

一、制约体育教学管理发展的因素

（一）管理制度落后

管理部门彼此之间脱节是影响我国体育教学制度完善的一个重要因素。我国各级、各类学校的职能部门在管理方面存在着体育教学管理部门和学校的总教务部门脱节的严重现象，这是导致我国体育教学管理制度落后的直接原因，其具体表现在以下两个方面：

（1）体育教学负责具体工作的部门需要遵循体育教学自身发展规律制订教学管理方案，在开展工作中还要特别考虑到体育院系的特性，在管理中突出其特征，同时也要接受学校总教务处的领导与管理。因此，在管理方面存在着一定的制约性。

（2）学校总教务处需要处理学校的各类工作。其在核定教学计划、教学内容、教学工作等方面容易将不同院校的区别忽略掉，会在一定程度上消减体育教学管理部门的积极性。体育教学管理制度的落后正是在这种矛盾中所产生并加剧的。

（二）管理人员素质较低

体育教师是我国体育教学管理系统中的主要管理者，在体育教学管理中占据着重要地位。

当前，我国体育教师队伍整体素质不高是制约体育教学具体管理事务质量和效果低下的重要因素之一。具体来说，体育教师队伍素质不高主要表现在以下两个方面：

（1）体育教师的培养模式单一，多是体育院校培养的师范类学生或由知名教练员兼任教师。这两种人员都不能兼具教学技术能力与体育运动经验，因此在体育教学活动的组织管理中存在一定的不足。

（2）体育教师队伍结构不合理，具体来说，体育教师在整体结构搭配上存在着不足，主要表现在性别、年龄和学历三个方面。性别方面，男性体育教师占据大部分比例，女性体育教师相对较少；年龄方面，体育教师整体年龄偏大；学历方面，高学历体育教师人数较少，如我国高校体育教师的职称多为助教、讲师。

二、我国体育教学管理的发展趋势

（一）发展环境分析

近年来，我国体育教学改革环境不断变化，对体育教学管理的发展也产生了重要的影响，改革开放以来，我国的经济社会各方面改革不断深化进行，体育教学体制方面的改革也较为深入，影响巨大，对未来发展趋势的预测总是立足于当前实际的。因此，对我国体育教学管理的发展趋势进行预测有必要对当前的发展环境以及发展状况进行分析和研究。当前，体育教学管理的社会环境条件包括以下几方面的内容：

（1）政治环境：改革开放是我国的基本国策，坚持改革开放也是我国强国之路。在坚持和贯彻改革开放基本国策的过程中，我国的政治、经济、社会结构等方面都得到了一定的调整和发展，我国的综合国力在逐步增强。

（2）经济环境：我国现阶段处于社会主义现代化阶段，这是我国当前最基本的实际。随着改革开放的深化进行，我国逐步建立以公有制为主体，多种所有制经济共同发展的社会主义市场经济体制。在中国特色社会主义经济体制下，我国政府能够对市场经济的资源配置作用做良好的补充，政府对经济社会的管理变得更加高效。近年来，我国生产力水平逐步发展，人们的生活水平不断提高，人们的体育需求不断增长，同时，在各方面因素的影响下，我国人民的闲暇时间逐渐增多。在这些因素的作用下我国的体育市场得到进一步开拓和发展。

（3）教育环境：体育教育的改革是教育改革的重要方面。近年来，我国体育教育体制不断改革、发展，体育教育进一步适应了我国当前的社会发展状况，为体育教学的不断发展与完善奠定了良好的基础。

（二）改革方向与特点

1.举国教育体制的发展

现阶段，我国正处于社会结构的转型时期，各方面的权利、责任以及利益将得到重新分配，最终实现社会各方面的平衡。在体育教育领域方面，这一现象也正在发生。经历这一阶段的变革和转型之后，我国体育教学管理体制将成为结合型的举国体制。

2.教育自主管理权的扩大

在未来的发展过程中，政府更多的是发挥宏观调控、组织和引导的作用，政府对体育教育的干预进一步弱化，各级政府对体育教育的微观管理职能也进一步弱化。

政府弱化干预的同时，体育教育组织的权限将会进一步扩大，具有更大的自主权，能够更好地进行有效的管理，更多地行使业务管理职能。管理权力的分工和配合使得教育管理变得更加高效。在这种管理模式下，各项管理决策的制定和实施都能够在体育教育组织内部进行，能够调动体育教育组织自身的积极性和主动性，更好地实现体育教学组织的自我发展和自我完善。

3. 体育教学管理方法的多元化

随着行政管理的弱化，经营的管理进一步增强。因此，市场的调控作用将进一步得到发挥，其资源配置作用将在体育教育方面得到进一步展现。未来的体育教学管理必然是多种手段的结合，是行政、经济、法律等方面的综合管理。

4. 区域体育教学管理发展的不平衡

我国处于社会主义初级阶段，经济社会发展呈现一定的不平衡性特点。因此，多种形式的管理体制将在很长一段时间内共存。我国经济社会的发展具有地区性差异，表现为东部沿海地区发展水平较高，西部偏远地区相对比较落后。因此，受经济社会发展限制，偏远地区的行政管理模式将在很长一段时间内保留；东部发达地区体育教育发展成熟，具有社会管理型特点。

5. 体育教学管理体制与机制的不断发展

社会经济发展状况对体育管理体制具有重要影响。因此，随着我国经济社会的发展，体育教学管理也必将会得到相应的发展和提高。另外，体育教学管理体制的发展和变革必然会滞后于经济体制和社会体制等方面的改革。

三、我国体育教学管理的发展策略

（一）深化体育教育行政管理机构改革

体育教育行政机构改革作用表现在以下两个方面，一方面，能提高政府的工作效率，减轻政府的工作负担；另一方面，政府将一些权力和职能下放给体育教育单位，能更好地调动和发挥其积极性。通过这方面的改革，能够实现政事分开、管办分离，使得教育行政化的弊病得到有效缓解。行政管理部门的宏观把握和调控的功能应进一步加强，以更好地保障我国社会主义特色体育管理体制的健康发展。

未来一段时期内，体育教育行政部门的管理工作重点应向以下三个方向转移：

（1）应转移到政策方针的制定上。

（2）转移到体育事业发展的未来规划。

（3）转移到相应服务的提供和工作的监管等。

（二）推动体育教育事业单位改革

按照中央的统一部署进行，教育事业单位的改革应遵循责任、权利、利益相统一的原则，对事业单位的人才选聘、人才使用、人才培养的一级分配制度等方面进行优化改革，将社会效益、单位效益与个人利益有机结合起来，促进事业单位的进一步发展、完善。

（三）深化体育教学管理体制改革

体育教学管理改革是体育管理发展的重要推动手段。体育教学管理体制的改革应妥善处理好各级教育机构之间的关系，促进各方面改革的全面推进，使得教学、训练、竞赛等各方面的体制相互协调、共同发展。在体育教学管理体制改革过程中，应充分发挥行政部门在监督和指导等方面的作用。

各级体育教育组织通过对自身不断的完善和发展，逐渐转变了过于依赖政府的局面，拓展了多种渠道，借助社会力量，正确行使职能。体育教育组织应进一步完善组织机构建设，并在健全的制度、体制下，科学地安排组织的内部协作机制。

（四）积极发展校园体育俱乐部

体育俱乐部建设是推动体育发展的重要力量。体育俱乐部与体育教育相结合，能够促进学生运动技能和运动水平的提高。因此，应鼓励和支持各种类型的体育俱乐部的建设。各体育俱乐部在发展过程中应接受相应的运动协会的指导，并建立、健全相应的规章制度，促进体育俱乐部的健康发展。

（五）调动社会力量办好体育教育

社会力量是推动体育教育发展的重要推动力，对于体育教育的发展和完善具有重要的作用。因此，应鼓励社会团体、民间组织以及公民个人兴办体育教育，引导、组织和规范体育活动的开展。政府和体育教学事业单位并不能完全兼顾体育教育的所有方面，这就需要发挥社会中介组织的力量，使得政府和体育教育单位不能充分发挥管理功能的领域得到较快的发展。在社会力量的积极参与下，能够营造良好的发展氛围，有利于促进体育教育的健康发展。

四、我国体育教学管理的创新发展

体育教学管理的创新发展是多方面的，要注重观念、组织、制度、方法等方面的创新，促进体育教学管理的全新转变。具体分析如下：

（一）观念创新

观念创新是当前我国体育教学管理其他方面的发展创新的基础。体育教学管理观念的创新应注重开拓管理思维、发展管理理念。管理者应以创新的思维方式和科学的管理理念，来指导体育教学管理的决策、规划、执行、监管等方面。观念的创新应与我国经济社会的发展需要相适应，并要注意以下几方面的内容：

（1）坚持"以人为本"：体育教育的管理重要的就是对人力资源的管理，在管理过程中，应坚持"以人为本"的原则。人才的管理应注重人文关怀，满足人们的合理需求，充分调动其积极性。

（2）坚持"开放管理"：既要保证组织内部上下之间沟通的畅通和信息传递的高效，又要保证体育教育单位与社会各方面信息沟通的畅通。同时，管理的开放性还要求网罗各方面的优秀人才，保证管理的活性。

（3）坚持"动态管理"：从本质上来说，管理是一个动态的过程，并不是静止不变的，尤其是现代社会快速发展，影响体育教学管理的因素众多，体育教育处于不断转变和发展之中。因此，管理者也应树立"动态管理"理念，抓住时机，解决问题，并针对时机不断调整方法和策略。

（4）坚持"服务管理"：教育的行政化管理的弊端之一是管理的僵硬，以及管理的行政命令化，对体育教育工作者的积极性造成了很大的打击。因此，应树立"服务管理"理念，使得管理活动必须以促进体育教育更好的发展为前提。

（5）重视"多元化评价"：以学生管理评价为例，在体育教学中，往往会出现这样的情况，一部分学生的先天条件比较好，不用积极地进行锻炼，就能够在体育测试中取得理想的成绩。这会对一些先天条件较差且积极进行体育锻炼的学生产生一定的影响。因此，一定要改变以往以单一的锻炼为评价标准的情况，这是非常重要且必要的。在确定体育课的成绩时，应该进行综合考虑，仅仅以锻炼标准为唯一的评价标准是不科学的，正确的做法是应该根据课程改革评价，对新颁布的学生体质健康标准进行充分的运用，这不仅能够将为其作为测量学生体质强弱的一个标准，而且还能够作为学生进步度的一个参照。

（二）人才培养

管理人才的培养是体育教学管理发展的一个重要途径和趋势，在体育教学管理系统中，要重视教师这一重要管理参与者以及专业体育教学管理人员的专业素质培养与业务水平的提高，具体措施如下：

1. 加强对学校师资力量的建设

在体育教学管理过程中，教师队伍的建设要格外引起学校体育部门的重视。优秀的体育教师应该身心健康、人格健全、专业知识技能丰富、富于创新精神和实践的能力等。这些素质会影响学生的学习和发展，并且对体育教学改革也有着重要意义。在具体的工作中，学校主管部门可以有针对性地组织教师进行学术交流和专业技能学习，从而切实提高教师队伍的教学能力。此外，应进一步优化教师队伍的结构，使不同性别、年龄、学历以及教学和训练经验方面的教师能相互学习、共同进步。

2. 提高体育教学管理人员素质

体育教学管理人员是从事体育教学管理工作的主体，因此提高体育教学管理人员的素质对完善当前体育教学管理制度具有重要的意义和作用。具体来说，要想促进体育教学管理人员专业素质和管理素质的全面提高，应该对体育教学管理人员的培训工作重视起来，促进管理人员视野的开阔，提供一定的机会与途径来使管理人员了解与认识现代体育教学管理知识，从而全面促进体育教学管理人员综合素质的大幅度提高，以使其所具备的素质适应新时期、新形势下体育教学管理工作的需要。

（三）组织创新

组织创新是体育教学管理创新发展的基础。体育教学管理依赖于明确的权责划分，这就需要建立和完善高效的管理组织机构。体育教育的组织创新要使管理者的管理能力得到进一步的提升，促进他们管理效率的提高。

组织创新是对组织内部各方面资源的优化整合和再配置，使臃肿、尾大不掉的部门得到精简，同时根据相应的职能完善组织结构，使得组织内部人才得到充分、合理的利用。

组织创新应使组织的结构从垂直管理向水平管理转变，变自上而下的金字塔式管理模式为平面化的管理模式。传统的金字塔式的管理模式注重管理的逻辑性，组织内部分工过细，组织机构层次重叠，上行下效，工作效率相对较低，上下之间的沟通具有很大的障碍，严重影响了下级人员工作积极性的发挥，也不利于各项方针政策的执行。采用平面化的组织形式，减少了管理层次，使得决策层的各项方针政策能够得到有效的传达，并得到及时的反馈，提高了组织管理的灵活性。

（四）方法创新

方法创新是体育教学管理创新发展的审点。管理工作有着相应的方法体系，是保证管理目标实现、管理工作得到落实的重要环节。在体育教学管理过程中，管理方法与管理实践密切联系，其科学性和操作性将对管理实践产生积极的影响。

（1）重视方法的综合运用。从宏观上来看，体育教学管理的方法可将其分为行政、经济、法律等几类。在管理过程中，不同的状况、不同的管理阶段，适用的管理方法也是不同的，应根据实际情况采用合理的方法体系。管理者应对各种管理方法有清晰、明确的认识，对其优点和缺点有正确的把握，在使用过程中，能够实现方法的优势互补。

（2）重视先进科技的引入。体育教学管理方法创新，就是管理者根据体育教育系统的特点，把现代网络技术、预测技术、决策技术、可行性分析技术、统计技术、多媒体计算机技术、全面质量管理技术、目标管理技术等引入现代体育教学的训练中。

（3）重视先进方法的改造。方法创新更应该注重新方法的探索，将其他领域的管理方法移植于体育教学管理领域中，并进行适应性调整，是方法创新的重要途径。

（五）制度创新

制度创新是体育教学管理创新发展的关键。在社会不断发展和变革的过程中，会出现一些新情况和新问题，因此有必要从完善制度入手有针对性地解决这些情况和问题，从而保证各项工作能够有秩序的开展。管理制度创新有两种形式，其一是对过去制度的进一步发展和完善，其二是根据需求制定新的管理制度。

体育教学管理制度创新应做好以下几方面的工作：

（1）明确管理部门具体职能。加快转变政府职能是深化行政管理体制改革的核心，因此，体育教学管理制度创新首先要求在加快转变相关政府管理部门职能的环节上实现新突破。

（2）完善管理行为监管制度。建立监督管理制度是保证管理工作健康、有序开展的重要手段，不仅要完善自身的监管、上级部门的监管，还要促进社会监管的发展，保证管理的合理、公平。

（3）完善管理资源的优化配置制度。体育教育需要借助于多方面的力量，需要对各项资源进行优化整合、高效利用。因此，需要完善资源配置的相关制度，保证各方面的资源能够被充分地组织和协调。

（4）完善管理人员的激励制度。严格制定体育教学管理制度，应重视加强对现代体育教学管理的研究，包括对日常体育教学的相关常规制度的研究。调动管理人员的积极能动性，解决对教学秩序进行正常建立的问题，使学校体育教学更加科学化、规范化和现代化。

第三章 现代体育教学主体管理研究

体育教师与学生是高校体育教学管理的主体，也是高校体育教学管理系统中的重要参与者和影响因素，因此对现代体育教师与学生的管理进行研究具有十分重要的意义。鉴于高校体育教学管理主体的特殊性与代表性，本章主要就高校体育教师与高校大学生的管理进行深入、细致的分析，并详细阐述高校师生之间的关系，旨在为新时期实现高校体育教学主体的规范化管理提供理论指导。

第一节 现代体育教师管理

一、高校体育教师概述

（一）体育教师的特征

高校体育教师面对的教学对象是高校大学生，高校大学生的年龄因素和性格特点，决定了高校体育教师要根据大学生的特点来选择体育教学内容和制订体育教学计划，因此，在高校体育教学中，体育教师表现出以下几方面的特点：

1.重视学生在教学中的主体地位

高校体育教学对象——大学生是年龄超过 18 岁的成年人。这种年龄特征使大学生对教师的指导和帮助几乎不存在依赖，他们大多已经具备了较强的主体意识与独立意识，更喜欢通过自己的努力和思考来独立进行体育活动和完成体育学习任务，因此，高校体育教师在教学中表现出较强的与学生的互动性，尊重学生在高校体育教学中的主体性地位，重在引导而非灌输。

2.具有丰富的知识

高校体育教师应具有丰富的知识与层次，高校体育教师的教学任务是引导大学生积极参与体育活动，锻炼大学生的身体，提高大学生的体育文化素养、基本体育知识、基本运动能力，提高大学生从事体育锻炼与欣赏体育比赛的能力，贯彻落实终身体育教育。因此，体育教师必须具备全面的知识结构，既要熟知体育学科的基本知识和教育学的基本规律，又要掌握其他相关学科的原理与方法并做到熟练运用，最终通过有效的教育方法和技巧将自己丰富的理论知识与技术技能传授给学生，促进学生的身心全面、和谐地发展。

3. 有良好的身体素质

身体练习是高校体育教学的主要形式，从事体育教育的教师是经过专业训练或接受过专业教育的特殊人才。在各级学校中，体育教师不仅要完成平日的教学工作，还要在运动场上带领学生开展体育课教学活动和组织课外活动，有时候还会根据需要承担学校高水平运动队的组织与训练任务。一些体育教师还要进行与体育教学相关的科学研究。因此，体育教师的工作周期和持续时间都很长，体育教师必须具有良好的身体素质，才能担任体育教学这一高强度的工作。

4. 具有一定的科研能力

高校体育教师必须要承担体育学科领域的一部分科研任务，参与一些体育科学领域的相关科研工作或对研究做一些辅助工作，以不断推动高校体育教学的可持续发展。

（二）体育教师的类型

1. 擅长教学的教师

以教学见长的教师，他们的教学效果通常都很好，并且深受学生的喜爱和认同，这与他们自身所具有的教学能力和教学智慧是有着密切联系的。因此，一般来说，擅长教学的教师都具有特点，具体表现在以下两个方面：一方面，热衷于教育事业，热爱和尊重学生。另一方面，能够在积累许多教育理论和实践经验的基础上，将知识在教学中充分展现出来，能够激发学生的学习兴趣。在教学过程中，以教学为特长的教师具有根据学生的实际情况，结合教学规律以及对教学原则的贯彻，从而有效激发和调动学生的学习兴趣和积极性，有效把握和调控课堂教学的氛围的能力。

2. 擅长科研的教师

新时期的体育教学对高校教师素质的要求也越来越高，教师不仅需要具备教学、训练的能力，而且还增加了理论科研的新要求。最近几年，逐渐出现了以科研为特长的"科研型"教师。以科研为特长的教师的特点主要表现如下：

（1）具备能自觉学习高层次现代教学理论，研究较高层次的教研课题的能力。

（2）能敏锐地发现教育问题，做深入研究和探索。

（3）具备能将自己的课堂教学与课外活动相结合，边学习、边研究、边设计、边实践，从而获取较高层次教育科研成果，最终形成自己独有的研究风格等能力。

需要注意的是，以科研见长的教师在当前体育教学中具有不可替代的重要意义。但是，以科研为特长的教师在教学方面并不一定也同样擅长，甚至会出现一部分以科研见长的教师，由于时间和精力分配不当，或是由于自身缺乏教学艺术与技巧等，导致教学效果不理想的情况。

3. 复合型教师

"复合型"教师是指教师在知识结构方面由双个或双个以上的不同质的学科知识群组成，在智能结构方面由跨学科的多种能力聚合而成。不管是擅长教学的，还是擅长科研的，这些类型的教师都各有的优势和局限。社会在不断发展与进步，学校改革也日益深化，这也就决定了对教师自身的要求也越来越高、越来越全面，从而新兴起了一种全面性的教师类型——复合型教师。在实际的学校教学中，复合型教师所占的比重较小，在全国各地的特级教师中这种复合型优秀教师所占的比例还是很大的，他们往往都是各级、各类学校教师队伍中的骨干和精英。

体育教学的实践中，要在充分了解不同教师的特点和特长后，根据不同类型教师的优势，有针对性地对其进行重点培养、优化利用，才能扬长避短、人尽其才。

二、体育教师的管理内容

（一）体育教师管理机制的建立

1. 约束管理机制的建立

无规矩不成方圆。建立约束管理机制是为了在统一的规章制度下，规范体育教师的教学行为，使其圆满地完成教学任务。约束是规范教师的思想行为，服从学校的约束是体现体育教师基本素质和教学水平的一部分。

高校体育教师约束机制主要包括以下几方面内容：

（1）时间约束：遵守时间约束，按时上课、下课是一位体育教师必备的基本素质。在高校体育教学实践中，体育教师在对学生进行纪律教育的同时，自身也必须要优先做到遵守课堂教学时间，珍惜课堂上的每一分钟，充分利用课堂教学有限的时间使学生学到更多的知识、得到更多的锻炼。应把监测教师的上课秩序、统计监测结果作为评价教师教学质量的要素之一。

（2）言行约束：为人师表、善待学生是每一位体育教师必须遵守的职业道德。课堂上，体育教师的言谈举止直接表现了其自身的文化修养、专业水准。体育实践是通过学生执行动作来完成的教学过程，教师需要采用各种有效的组织方式和教学方法来调动学生练习的积极性，因此，每一位体育教师都应该是体育运动的指挥家和鼓动家，有指挥、调动学生完成各种练习的能力。课堂上体育教师要用自己高超的技艺和丰富的语言对学生进行教育，时刻关心学生、爱护学生，不说粗话、脏话，不体罚、不动粗。可以通过听课和收集所教学生的反映意见，来评价教师教学质量，并通过这些意见对教师的教学方法进行及时指导、纠正。

（3）着装约束：和文化课相比，考虑到学生的安全因素和教学任务的完成情况，在体育教学过程中，体育教师应起到模范、带头作用，穿运动服上课。穿运动服上体育课不仅有利于体育教师精神干练、挺拔形象的树立，还有利于体育教师在讲解、示范时展现技术动作的姿态美，更是体育教师顺利组织完成教学任务、减少运动损伤的基础。可定期、不定期地检查教师上课时的着装，并把检查结果作为评价教师教学质量的要素之一。

（4）教案约束：由于环境特殊，体育教师不可能像其他学科的教师一样手捧教案和教材上课，体育教师必须对教学内容非常熟悉，这是体育教师上课的独到之处，但是这并不意味着体育教师不需要教案。应定期、不定期地现场检查上课教师的教案，并以此作为依据来评价教师的教学质量。

2. 激励管理机制的建立

激励是为了培养体育教师的锐意创新，充分调动体育教师的积极性和主观能动性，鼓励他们创造性地工作，提高体育教学质量。

（1）激励教师编写教学教案

教案是教师上课必备的资料，写好教案是每位教师具备的最基本的能力。为了激励高校体育教师写好教案，可以为其提供教案格式和教案范例，采用评选优秀教案的方法，将教案评选作为检测体育教师教学质量的重要参考依据。

（2）激励教师提高教学质量

不断提高教学质量是体育教师进行所有教学准备活动的最终目的。高校可以采用集体评课、集体听课、举办公开课、竞赛课等形式来激励教师钻研组织教法，促使他们不断提高课堂教学质量。

（3）激励教师提升自身素质

体育教师的综合素质对体育教学过程、质量、效果等都具有重要的影响，体育教师的素质不是自然增长的，而是通过长期的辛勤劳动和汗水换来的。现阶段，可以根据学生身体素质测评、运动员比赛名次、教师公开发表论文数量、教师获省级以上奖项等对教师的素质进行综合测评，并积极地创造条件鼓励体育教师提高自身素质，如可以通过健全竞聘上岗、教师挂牌上课、学生选教师上课等激励机制，对教师进行优胜劣汰，使体育教师产生危机感，促使体育教师不断学习、不断创新。

（二）体育教师的编制与组织管理

1.体育教师编制的制定

体育教师编制的制定是否科学是高校体育教学能否顺利开展的重要因素，这是高校体育教师管理的一项基础性工作。如果编制富余，就会出现机构臃肿、人浮于事的现象，会造成工作人员不能满负荷；如果编制紧缺，高校体育工作质量又难以得到保证。在高校体育教师管理中，可依据以下几个方面来科学制定高校教师编制：

（1）根据国家教委 1990 年 3 月颁布的《学校体育工作条例》来制定高校体育教师编制。

（2）根据高校体育教师所承担的体育课教学、课外群体活动、课余训练竞赛等教学工作量总和来制定体育教师编制。

（3）通过"师生比"及本校的教学工作量来制定体育教师编制。

2.体育教师组织管理规定的制定

建立完备的高校体育教师管理机构，制定完善的体育教师管理规定，加强和落实各职能部门的职责分工，是高校体育教师管理工作的重点之一。具体来说，可以从以下几个方面来规范高校教师组织管理过程：

（1）鼓励"能者上，平者让，腐者下"和多劳多得。

（2）对体育教师应承担的教学工作量和科研工作量建立量化评审指标体系。

（3）管理规定应遵循民主原则，同时做到量化及评聘的公开、公正。

（三）体育教师工作量计划的制订

现阶段，要想结合学校体育工作计划合理分配体育教学人力资源，就必须制订体育教师工作量计划。在高校体育教师管理中，一些学校由于没有把开展学校体育工作的工作量完全纳入学校体育课时工作量的计算范畴内，导致了学校体育教学工作量与实际有出入，造成了体育教师队伍的结构安排不合理。因此，为了发挥高校体育教师队伍的最大价值，就应该给每位体育教师分配合理的工作任务，使不同的体育工作量任务合理分配。具体来说，高校应参考以下几个方面的因素来制订体育教师的体育课时工作量计划：

（1）全日制在校学生、继续教育学生的必修、选修体育课。

（2）课外群体活动指导、课余训练工作。

（3）校内外体育竞赛活动。

（4）各种关于学生的达标测试等。

（四）体育教师的培养、培训与考评

1.高校体育教师的培养

（1）体育教师的培养目标

高等师范院校和体育专业院校对体育教师的培养目标具体如下：

①体育教师要熟练掌握本专业基础理论、基本知识和基本技能。

②体育教师要熟练掌握马克思教育理论。

③体育教师要具有一定的科学研究能力。

④体育教师要具有分析、解决问题的能力。

⑤体育教师要具有从事教育和体育教学工作的能力。

⑥体育教师要具有能阅读外文书刊的能力。

⑦体育教师要了解尽可能多的与本专业有关的科学新成就。

（2）体育教师的培养原则

①群体优化原则：群体优化原则要求在对教师进行培训时，应从全局出发，有计划地对其进行培养。对教师的培养应注重整体的优化，使教师素质得到全面的提高，使教师群体结构得到优化和提高。教师的培养要符合一般人才成长的规律，综合提高教师队伍的水平。

②定向培训原则：在确定教师的工作岗位之后，应实行定向培训，以满足实际工作的需求。遵循该培训原则能够使人才培养少走弯路，使教师能够更好地从事教育工作。各学科教学对教师的要求不同，这就需要针对不同的学科展开相应的培训工作，不同的教师工作的发展方向也会有所不同，因此，应对不同的人才采用不同的培训方式。定向培训原则要求在进行教师培训时，做到"缺什么，补什么"，根据具体的工作需要进行职业性的教育培训，使教师相关技能得到补充、培训、更新和提高。

③目的性原则：由于教师日常的教学任务较多，因此，应注重培训的合理和高效。这就需要培训具有鲜明的目的性，能解决某方面的教学问题，增强教师某方面的技能掌握等。在培训之初就需要明确培训目标，这样在培训过程中，教师才会具有一定的学习目的性。

④系统发展原则：依据高校教育事业的发展趋势，着眼于整个学校教师队伍的系统建设，站在一定的高度来审视和处理问题。在培养教师的过程中，应使教师掌握各

种现代化的技术手段，了解最新的学术和科研动态，使教师的专业能达到一定的广度和深度。此外，教师的培训进度受教学进度、社会和家庭等多方面因素的影响。因此，应对教师的培训工作进行灵活的安排，以保证教师得到系统和全面的提高。

（3）体育教师的培养模式

当前，我国对高校体育教师的培养模式可参考表3-1。

表3-1 体育教师的培养模式

体育教师的培养模式	特点
"运动型"培养模式	体育教师运动经历丰富，运动技术水准较高，但基本知识、理论水平和社会适应能力较差
"理论型"培养模式	体育教师具有较低的专项运动技术水平，但理论水平、基本技能和社会适应能力却较强
"一专多能型"培养模式	体育教师有技术专长，掌握多种技能，具有良好的社会适应能力

（4）高校体育教师培养课程设置

高校体育教师培养课程的设置可分为国家类课程、专业基础课程、专业理论课程、专业技术课程及专项训练、实践类课程。在高校体育教师培养系统中，当前对高校体育教师的培养凸显出以下特点：师范院校较注重教育类课程，以突出师范性为重点；体育院校体育类课程开设门类较多，以教学性课程为主。

2.高校体育教师的培训

（1）体育教师的培训目标

①强化职业信念，提高思想政治素质和师德修养水平。

②树立一定的现代教育意识、观念。

③掌握本学科专业理论和教育理论，熟知体育教学规律和学生学习规律。

④掌握基本教学技能和现代教育技术，并能灵活运用。

⑤掌握教育科研方法，能开展教学实验和理论研究。

（2）高校体育教师的培训方法

①定期轮培：定期轮培是教师培训最常用的方法，能够使教师不断地了解新的知识和掌握新的技能。举办各种形式的培训班和讲座，使教师定期得到培训，不断补充新的知识和内容，提高自身的专业素质。

②学术研讨会：开展学术研讨会，交流和探讨相应的学术成果。这种方法能够开阔教师的视野，对教师教学水平的提高具有重要的作用。

③委托代培：通过向高等的教育单位或是专业的培训机构申请代培，这也是人才

培训的重要方法。高等的教育单位有丰富的经验和广阔的视角，对于教师知识水平补充和更新具有积极作用。专业的培训机构能够针对教师的相关弱点展开科学、合理的分析和考察，做出相应的评估，最终制订完善的培训方案，这对教师的专业技能的提高具有重要的作用。

④考察学习：考察学习对教师教学思路的转变具有重要的作用。一般的考察学习是国内的考察学习，即实地考察借鉴优秀学校的教学经验和方法，探讨本学校的教学方法。有条件的学校可提供相应的出国考察机会，让教师接受国外先进的教学思路，开阔教学视野，为教师在本学科中的不断创新提供丰富的知识积淀，也为教师自身科研能力的提高奠定基础。

（3）高校体育教师的培训模式

高校体育教师的培训模式主要有岗前培训、校本培训和院校培训三种。

①岗前培训：适用于新教师的培训，主要通过两种途径实现：一种是由教师进修学校或师范院校对新教师进行脱产培训；另一种是组织培训班，指定老教师传授、帮助、带动新教师。

②校本培训：以学校和教师的实际需求为出发点，能将教育科研与教育教学实践紧密结合起来，有利于保持正常的体育教学秩序，因此被广泛使用。

③院校培训：主要包括学位课程培训和短期进修培训。前者的培训时间一般为1～3年；后者的培训时间较短，一般为几天或一两个月。

（4）体育教师培训课程设置

做好课程的设置是满足体育教师专业发展的需要，是搞好学校体育工作的重要保障。高校体育教师培训课程体系的设置应以当前的新课程对体育教师的新期待为重要依据，同时，也要以高校体育课程内容选择的最优化与提升体育教师的素质教育能力为指导。

3.高校体育技师的考评

对教师进行客观的考评是高校体育教师管理的重要工作之一，要想实现体育教师考评的客观、公平、公正，就必须建立、健全体育教师的岗位责任制、教师工作量制度、业务档案管理制度及考核奖惩制度，为高校体育教师考核工作的制度化、规范化奠定良好的基础。

（五）体育教师的引进及学术交流

针对我国体育教师学历结构较其他学科偏低的现象，应加强高校体育教师的引进和促进高校体育教师的学术交流。具体应做好以下两个方面的工作：

（1）根据学校体育教师的定编、老教师的自然离职退休、某一项目或某一课程的需求等情况，有计划地引进高层次的体育专业教师。

（2）根据本校制定的学术交流有关规定，合理安排经费，鼓励体育教师参与学术交流活动，以促进高校体育教师的科研水平和综合素质的提高。

三、体育教师的可持续发展

（一）关爱教师，满足教师需求

满足高校体育教师的需求，稳定教师队伍是高校体育教师可持续发展的基础。因此，高校领导及有关部门应从体育教师的切身需求出发，积极解决他们生活、工作中的困难。具体来说，应做好以下三个方面的工作：

（1）全面提高体育教师的政治思想素质。

（2）切实提高体育教师的收入，满足教师的合理需求。

（3）为体育教师创造良好的教学、科研环境，实现人尽其才、才尽其用。

（二）优化体育教师的学历结构

当前，加快教师的相互促进和成长是实现高校体育教师可持续发展的重要途径。在高校体育教学管理中应做到以下几点：

（1）解决高学历教师的来源问题，大幅度增加体育专业硕士研究生和博士生的招生培养数量，以改善人才结构，优化教师队伍。

（2）建立高校体育教师的档案。通过多种渠道、多种措施为高校体育教师提供培养和培训的机会，提高高校体育教师的学历水平。

（3）规范高校体育教师的进修和管理制度，使体育教师有定期的进修机会。支持高校体育教师的科研工作，对其进行政策支持和资金资助。

（三）重视青年体育教师的培养

重视青年体育教师的培养，能保证高校优秀体育教师不断增加。目前，我国高校体育教师职称评定有着严格的规定，为了给青年体育教师创造更多的机会，高校可以结合本校的实际情况实施"高层次创新人才工程"，加快人才的培养和产出。

（四）加强体育教师的管理改革

随着体育教学改革的不断深入，传统的体育教师管理采用的计划经济条件下单一封闭、静态的管理模式已经与我国高等体育教育的发展需求不相符合，必须对其进行改革。加强体育教师的管理改革应做好以下工作：

（1）建立、健全高校体育教师的自我约束机制、竞争激励机制，使师资队伍进入良性循环轨道。

（2）继续完善高校体育教师的考核管理体系，强化体育教师的职务聘任、岗位责任和考核。

（3）加强对青年教师的师德和责任心的教育，重视对新上岗的青年教师的岗前培训，提高体育教师的入职标准与质量。

第二节　现代体育教学对象管理

一、高校大学生概述

（一）大学生的身心发展特征

1.大学生生理发展特征

大学生身体的发展主要包括身体形态发展、身体机能发展和身体体能发展。具体来说，我国大学生身体发展特点如下：

（1）身体形态发展特征

身体形态是指身体的外部形状和特征，包括人的体格、体型和身体姿势，一般是由比较精确的长度、围度、体重及其相互关系来表现的。随着年龄和时间的推移，人的身体形态是不断发展变化的，既有先天遗传因素的影响，又有后天环境的影响，每个人的身体形态都不同，但人的身体形态的发展也有其自身规律。

研究表明，我国大学生身体形态的发展具有以下两个特征：首先是大学生身体形态生长发育的波浪性和阶段性。大学生身体形态发育的总体趋势是一开始生长得很快，后逐渐减慢，其中有两次高速增长期。第一次高峰出现在从胎儿到出生后的第一年内，后增长速度逐渐减慢，保持相对稳定的速度直到青春期；第二次高峰出现在青春期，随后增长速度逐渐减慢，直到成熟为止。因此，大学生的整体生长发育线呈现出波浪性和阶段性特点。其次是不同大学生身体形态生长发育的差异性。在大学生的生长发育中具有很大的差异性。性别方面，由于性别不同而使男女大学生之间的身体形态发育很不平衡，男女之间的身体形态具有很大差异，发育时间也有差别；身体形态发育阶段方面，大学生各个部位的生长速度是不同的，如青春期时身高的增长速度相对要比体重的增长速度快；此外，个体和个体之间、地区和地区之间也存在差异，比如，有研究表明城市大学生的身高比乡村大学生高。

（2）身体机能发展特征

身体机能的发展包括神经系统的发育、骨骼肌肉系统的发育、呼吸系统的发育、心血管系统的发育等，具体如下：首先，在神经系统的发育方面。大学生神经过程的抑制阶段已经基本完善，具备较好的抽象思维能力。随着年龄的增长，兴奋与抑制逐步达到均衡，抽象思维能力继续不断提高，分析综合能力也得到提高，大脑结构和技能达到成人水平。其次，在骨骼肌肉系统的发育方面，大学生的长骨增长基本稳定，骨的弹性大，关节囊、韧带延展性好、坚固性好；骨组织内无机盐增多，水分和有机物减少，骨密质增多，骨骼变得粗、硬；肌肉长度和横断面积增加，肌肉力量和耐力较好，对力量和耐力性的素质练习承受能力较强。再次，在呼吸系统的发育方面，大学生胸廓大，肺容积、肺活量大，呼吸肌发育完全，呼吸频率减慢、加深，呼吸调节能力提高。最后，在心血管系统的发育方面，大学生的心脏发育已经接近成人，心收缩力强，心率减慢。

（3）身体体能发展特征

身体体能是指身体的各项素质，如速度、速度耐力、力量、爆发力等。大学生体能的发展也有一定的规律性特征。首先，大学生的身体体能的发展与身体形态和机能的发展趋于一致，表现出较为明显的波浪性和阶段性，形态、机能发育基本稳定，身体体能达到高峰。其次，大学生的身体体能的发展表现出一定的差异性，一方面，男女大学生体能的发育速度不同；另一方面，男女大学生各项体能的发展速度也不同，各种体能的发展顺序也不一样。

（4）性发育特征

性成熟是青春期最重要的变化之一，它包括生殖器官的形态发育、功能发育和第二性征发育等。大学时期，学生的性发育已成熟。高校体育教师及高校工作者应加强对学生的性教育，教会学生处理好与异性的关系，鼓励学生多参与集体活动，促进大学生身心的全面、健康发展。

2.大学生心理发展特征

（1）认知发展特征

人的认知水平随着年龄的增长，呈现出由低级到高级、由简单到复杂、由现象到本质的规律，特别是大学生正处于身心发展的阶段，这种规律和特点更加明显。随着年龄的增长，大学生的感知能力、运动知觉有了很大的提高，抽象思维能力占据相对主导的地位，有意注意力发展显著，自觉性和灵活性也有所增强。此外，大学生的抽象思维能力有了较大的提高，辩证思维发展良好。

（2）学习能力发展特征

随着年龄的增长，大学生学习的动机、兴趣和能力也在不断变化发展，呈现出一定的特点。随着年龄的增长，大学生越来越重视学习的效果和教师的评价，会将社会意义和自身的发展联系起来，学习兴趣也开始分化和表现出选择性、稳定性，学习的有意性和自觉性有了提高，独立学习的能力也在逐步发展。

（3）情感和意志发展特征

情感和意志是心理发展构成的两个重要因素。情感是人们对客观事物的态度体验和相应的行为反应；意志是人们自觉地克服困难来实现特定的任务的心理过程。大学生的情感稳定，能很好地控制自己的感情；独立性、主动性和坚持性强，道德感、理智感达到较高水平，意志品质发展迅速。但由于大学生在情感和意志上有很大的个体差异，因此，不同的大学生会表现出不同的情感和意志发展特点。

（二）学生体育学习能力研究

"体育能力学习是学生在体育学习活动中使体育学习任务得以顺利完成的个性心理品质的获得和内化的过程。"[①] 下面主要对学生学习动作技能的运动感知能力、运动表象形成的能力、身体平衡的能力进行重点分析。

1. 运动感知的能力

感觉和知觉的认识过程有所不同，然而它们又都是大脑在事物的直接作用下对事物的反映，都处于感性认识阶段，这是认识过程的第一阶段，也是它们的共同点。形成运动感知能力需要具备以下两个条件：第一，外界的刺激。例如，运动着的物体、固定静止的体育器材以及学生自身的运动等；第二，人体的感觉器官，如眼睛、耳朵、前庭器官以及肌肉与关节中含有的感受器。学生对各种运动技能的学习都是以本体感觉为基础的，这是学习体育与学习其他学科的最大不同，学习体育的主要形式是身体活动，而学习其他学科的主要形式是思维活动。

2. 运动表象形成的能力

表象反映的是人脑过去感知过的事物形象。形成表象的基础是感知。人在大脑中对感知得来的信息进行加工，从而形成感性形象的过程就是表象形成的过程。

一般来说，在学习体育的初级阶段与巩固练习阶段，学生动作表象的形成都是十分重要的。在体育教学过程中，教师将运动知识传授给学生的主要形式是运动概念和

---

① 陈雁飞.新中国体育教师队伍建设与发展之路 [M].北京：北京体育大学出版社，2009.

运动表象，学生通过观看教师的动作示范、听取教师的语言讲解，或通过观看视频（录像）等，对动作技术进行模仿、练习。在练习中正确且清晰的运动表象在学生大脑中不断形成，学生以此来对动作技术与技能进行具体掌握。

3. 身体平衡的能力

平衡能力指的是学生在进行运动技术的学习时，身体各器官、系统与运动部位相互配合、相互协调，顺利完成动作技术的能力。平衡能力是运动技术形成的重要基础之一。先天遗传、身体素质、运动技能的贮存数量和学生的心理素质等因素都会对学生的协调与平衡能力造成影响。因此，在体育教学中应特别注意对学生身体平衡能力的判断，培养时要符合学生实际。

二、大学生管理的内容

（一）体质健康管理

增强学生体质是学校体育教学的根本任务和主要目的。目前，我国大学生的体质状况并不乐观，近年来多项健康指标呈不断下降趋势，这一现象应该引起相关部门及领导的高度重视。在体育教学的过程中，必须采取必要的措施和手段来加强学生的体质与健康管理，这需要做好以下几个方面的工作：

1. 健全组织机构

在高校校园中，体质健康检测的组织机构应定期对学生进行体质健康检查，应将健全组织机构纳入体育教学工作计划之中。大学生每年都应该进行全面的身体检查，检查的内容应包括身体形态发育水平、生理机能水平、身体素质与运动能力水平等。

2. 建立管理制度

学校相关部门应建立与健全学生健康管理制度，定期检查学生的体质水平，并将检查结果纳入学生档案中。此外，针对体弱、伤残的学生还应建立专门的体育活动制度，开设体弱、伤残体育与保健康复体育课，加强对这类学生的体质健康管理。

3. 加强健康教育

学校有关部门与工作者要积极地向学生宣传健康教育等方面的知识，如宣传清洁卫生和良好的生活习惯、宣传疾病意外伤害的预防、宣传营养保健、宣传心理卫生等方面的知识，从而提高学生的健康意识。

4. 建立健康档案

分班、分人对学生的体质与健康档案进行整理，编写登记后将其汇入总登记册中。

要按照年级、班级、姓名进行定位陈列，以便于工作者随时检查、阅览。

5.科学检查评估

体育教师和学生体育管理工作者应定期、不定期地开展体质检查评估工作，深入分析和研究学生的体质与健康状况，采取有效的措施和手段，加强学生的体质健康管理。

（二）教学组织形式

目前，高校体育课堂的教学组织形式大致分为两大类，即班级教学和分组教学。这两种教学组织形式的划分对体育课堂上对学生的管理和教学都有着积极的作用。它们都以集体教学为基本形式，重视学生的多样化、综合化和个性化发展。

1.班级教学

班级教学，又称班级授课制，它是当今体育课堂教学最基本的一种形式。这里的"班"有广义和狭义之分，广义上的"班"是在对班级进行改造后形成的集体或团队；狭义上的"班"只是传统意义上的"行政班"或"自然班"。

班级教学的教学组织形式的优点是学生能用较快的速度来掌握体育知识和技能，体现出教学的实效性，但不利于学生探索精神、创造能力和实际操作能力的培养，能较好地发挥教师的主导作用。学生之间缺乏明显的联系，便于体育教师对课堂教学进行管理。30～40人由一名体育教师进行教学，能够体现出教学的高效性，若学生人数较多，教师难以照顾到学生的个别差异。

2.分组教学

分组教学是把一个班级根据某种形式分成若干个小组，然后由教师以小组为单位进行指导的教学形式。在教学实践中，分组教学的优势主要表现在两个方面：一方面，分组教学模式保留了班级教学的长处；另一方面，分组教学能解决教师对部分学生区别对待的问题，有助于体育教师根据不同小组的不同特点进行有针对性的教学指导。

在高校体育教学的组织和实施过程中，体育教师既可以以学号为依据对学生进行分组，也可以以性别比例为依据对学生进行分组，还可以对全体学生进行随机抽号分组。但不管采用哪种分组方式，体育教师都应在教学开始前为每个小组指定一名组长。小组长一般为这个组中对课堂内容掌握较好的学生，在教学中应充分发挥模范、带头作用。

现阶段，在高校体育教学中既要进一步完善班级教学，又要重视施行分组教学，以弥补班级教学模式的不足。

（三）课堂纪律管理

课堂纪律是体育课堂教学效果的重要保证，因此，抓好学生的体育课堂纪律是提高教学水平的关键。

1. 严格要求学生

（1）要求学生做到上课要穿运动服和运动鞋。

（2）上课不要带小刀、镜子等危险品。

（3）上课时不可随便讲话，不迟到、不早退。

（4）认真练习体育运动项目的基本动作。

（5）学生之间要团结友爱，互相帮助。

2. 搞好课堂纪律

搞好体育课堂纪律是上好体育课的基础，应做好以下三个方面的工作：

（1）在教学过程中，体育教师应注意培养学生的自觉性。

（2）学校应制定相关规定，保证体育教师在向学生提出要求时能够得到各方面的配合和支持。

（3）体育教师应在每节体育课的结束部分对学生的表现进行总结，促使学生养成遵守课堂纪律的好习惯。

3. 培养体育骨干

在体育教学中，培养体育骨干，充分发挥体育骨干对学生的号召作用，能协助体育教师搞好课堂纪律管理工作，从而提高体育教学的质量。

4. 注意教学层次

良好的教学层次有助于教学活动的顺利展开和学生对体育学习过程的了解，体育教师在教学过程中要注意根据不同学生的身体情况来制定切实可行的教学目标，并采用切实有效的教学方法和手段，来激发学生学习的兴趣，这样才能保证良好的课堂纪律，提高教学质量。

（四）课堂教学控制

在高校体育教学过程中，为了使体育课堂教学活动按计划有条不紊地进行，体育教师必须认真掌控学生对课程内容的接收情况，同时也要重视对课堂体育教学活动效果的监控，并随时将课程上已经达成的目标与预先设定的教学目标进行对比。一旦出现完成目标与预设目标滞后或偏差的情况，就应该积极地采取措施使课堂教学活动回到正确的轨道上来。

1. 有效控制课堂的基本措施

体育教师应采取积极、有效的措施对课堂教学活动进行管理、控制，具体来说，教师可采取以下措施来加快教学进程或是纠正教学偏差：

（1）引导、控制学生的思维，使其集中到课程上。

（2）在教学开始前明确本次课堂教学的具体目标。

（3）客观、科学地衡量教学实际达成的目标情况。

（4）认真分析教学偏差产生的原因，有针对性地采取纠偏措施。

2. 对学生课堂违纪行为的处理

体育教师应在学生在课堂上出现违纪行为之前积极进行预防。在体育教学活动开始之前，教师应凭借自己的教学经验采取积极、有效的措施，于学生课堂违纪行为发生之前就做出预防性的管理，避免或减少学生违纪行为的发生。具体来说，教师可以通过以下措施来预防学生课堂违纪行为的发生：明确体育课堂教学常规和行为标准；在体育教学中重视促成学生的成功经验；尊重学生、爱护学生，建立和谐的师生关系。

3. 对学生课堂偶发事件的处理

体育教学的特殊性要求体育教师要根据经验在教学开始之前对课堂教学组织与管理做出周密、严谨的准备，对可能出现的各种问题进行预案，但是，偶发事件具有不确定性，在教学中不可避免。在体育教学过程中，一旦有偶发事件发生，体育教师首先要保持冷静，并且要迅速反应、及时控制、果断处理，争取将伤害降到最低。

（五）课外体育活动管理

在对学生进行课外体育活动管理时，要遵循以下几个基本原则：

1. 需要性原则

课外体育活动一般是学生自发主动参与的，学生根据自己的需求自主参与。需求能使人产生愿望，进而通过某种力量而引起人的各种活动。对大学生来说，有提高技能的需求、强身健体的需求、实现自我的需求、交往的需求和休闲娱乐的需求等，所以参与课外体育活动能很好地满足这些方面的需求。

2. 多样性原则

学生参与课外体育活动都是主动和自觉的，都倾向于选择自己喜爱的运动项目。因此，在安排课外体育活动项目时，要以不同学生的实际需求为依据，选择那些既能增进学生健康，学生又乐于接受的体育运动项目。

3. 指导性原则

在体育教学中，体育教师有责任对学生进行指导，帮助学生选择适合自己的体育运动项目，指导学生科学地参加体育课外活动锻炼，从而提高他们的体质水平。

4.可行性原则

体育教师在安排课外体育活动项目时，一方面要考虑学生的实际需求，另一方面要结合学校的具体实际。目前来看，各高校体育锻炼的基础设施得到了较大程度的完善，基本上能满足学生的体育需求。

5.激励性原则

学校应注重运用激励的方式来引导学生积极参与体育活动。正确的激励方式可以激发学生参与体育活动的兴趣与积极性，学校总是希望学生养成经常锻炼的良好行为习惯。

三、大学生的体育素养培养

体育教育是大学生素质教育的重要组成部分，因此建立和形成一个大学生体育素质培养的体系对大学生素质教育来说是非常重要的。

（一）学生体育素养目标体系构建

健身是体育的重要的功能之一。在学校体育教学中，它针对的是学生个体的身心需求。因此，在构建大学生体育素养目标体系的过程中必须要充分考虑学生的身心需求，采取各种措施和手段来满足大学生的基本需求，有针对性地培养和提高大学生的体育素质。要遵循学生个体需求的基本原则，承认并接受学生间的差异，因材施教，促进每个学生的全面、和谐的发展。

大学生体育素养培养的目标体系包括诸多要素和内容，其中体育知识、体育意识、体育行为、体育能力、体育品德是最为主要的内容。

1.体育知识

大学生要想更好地参加体育运动锻炼，首先就需要具备多方面的体育知识，大学生通过全面地认识和了解体育知识，真正理解了体育的含义及功能，树立了自己正确的人生观和价值观，并形成了良好的体育意识。大学生需要学习和掌握的体育知识主要包括以下内容：

（1）掌握基本的体育卫生知识，如体育运动与营养、运动损伤、运动保健康复等知识。

（2）掌握基本的体育运动锻炼的方法，主要学习和了解体育运动的方法及规则，明确体育运动的概念、体育的实施方式和手段等。

（3）了解体育学科与其他相关学科之间的关系，了解体育教学的组织形式、结构与方法，身体锻炼的原则，体质的评定方法等。

以上体育知识能很好地指导大学生的体育运动实践，从而有利于大学生体育素养目标体系的构建。

2. 体育意识

社会个体的意识水平受各种因素的制约和影响，其中主要包括自身的文化素养、智力、思维习惯、认识事物的能力、个性心理倾向等。良好的体育意识的形成能促使大学生更加积极、主动地参加体育运动锻炼，保持体育运动锻炼的习惯，让自己终生受益。因此，在学校体育教学中，要有意识地、不断地提高大学生自我锻炼的意识，使学生在学习中由被动地位转变为主动地位，促使其以饱满的热情投入到日常的体育运动锻炼中，使学生完成从"要我健身"到"我要健身"最后到"我会健身"过程的转变。

3. 体育行为

体育行为是个体在体育运动锻炼过程中所呈现出的各种状态的总和。培养科学、合理的体育行为对大学生体育素养目标体系的构建是极为重要的。体育行为是表现大学生体育个性的重要方面，大学生在日常的学习教学生活中，要具备良好的自我调节的能力、强大的自信心，以饱满的精神参与到日常的教学活动中。在体育教学过程中，要充分尊重学生个体的兴趣取向，鼓励其充分发展自己的特长技能。

4. 体育能力

大学生体育素养的培养，重点在于体育能力的加强和提高。大学生的体育能力主要包括身体运动能力、心理能力和参与该项体育运动需具备的基本技能。体育能力是大学生参与体育活动的基础，也是培养和发展大学生体育兴趣的重要前提条件。另外，大学生还应具备良好的体能，与运动项目相关的运动心理学知识，体育组织的能力、观察问题、分析问题和解决问题的能力，想象力和创造力等。只有具备了以上这些全面的体育能力，才能更好地培养大学生的体育素养。

5. 体育品德

体育品德是一个人在日常的体育生活过程中养成的体育道德规范，在体育活动的参与过程中表现出稳定的心理特征和个性倾向，是体育品德在个体体育行为中的具体体现。

良好的体育品德不但能使大学生运动员在比赛中遵守比赛规则、尊重队友和对手，懂得合作，赢取比赛胜利，而且在学生走入社会之后，对提高学生的社会适应能力也具有良好的作用。

（二）学生体育素养评价体系构建

大学生体育素养可以分解为 8 个一级指标，分别为体育知识、体育技能、体育能力、体育意识、体育行为、体育道德、体育精神、体育个性。针对这 8 个方面可以设计出 30 项二级指标（表 3-2），这 8 个一级指标和 30 项二级指标基本上涵盖了大学生体育素养评价的内容。

表 3-2　大学生体育素养评价指标体系

一级指标	二级指标
体育知识	体育的作用与功能、体育锻炼的原理与方法、体育卫生保健常识、体育健康的测量与评价、专项体育理论知识
体育技能	专项体育运动技能、专项体育技能
体育能力	专项运动能力、体育认识能力、科学锻炼身体的能力、体育组织能力、体育观赏能力
体育意识	体育参与意见、体育评价意识、终身体育意识、奉献与效率意识
体育行为	体育活动内容、体育消费、体育锻炼时间、体育信息获取
体育道德	体育道德风尚、体育行为规范、体育法规观念
体育精神	沉着果敢精神、竞争与创新的精神、团结协作与拼搏进取精神
体育个性	体育锻炼的态度和习惯、对体育的兴趣、对体育的动机、体育自信心

第三节　现代体育教学师生关系研究

一、高校体育教学中教师的主导性

（一）体育教学中教师主导性的表现

1. 体育教师是贯彻体育教学指导思想的主导者

时代不同、时期不同，体育教学指导思想也就相应地存在差异。随着现代高校体育教育教学的不断发展，高校体育教师的体育教学思想也必须与时俱进。体育教学是在体育教师的指导下完成的教学活动，体育教师的教学指导思想直接影响体育教学实践。和以往相比，在现代高校体育教学中，体育教师的体育教学指导思想主要体现在两个方面，一方面体现在体育教材的内容中，另一方面体现在体育教学的过程中。具体来说，体育教师对体育教学指导思想的贯彻主要体现在体育教学过程的准备阶段和实施阶段。

2. 体育教师是选择和加工体育教学内容的主导者

选择和加工体育教学内容是高校体育教师的一项重要工作，也是体现现代体育教师主导性的一个方面。现代高校体育教学包含正规竞技项目的教学，这类教学具有一定的难度，而且具有非常广泛的内容。高校体育教师作为大学生的体育知识、体育技术的重要传播者，科学选择体育素材并将素材加工成体育教材具有十分重要的意义。选择和加工体育教学内容，体育教师首先要考虑到学生的需求，其次要考虑到学科要求，最后还要考虑到社会对人才的需求，并将三者进行结合，精选出与高校大学生身心发展相符合、与体育学科特点相符合及与社会对人才的需求相符合的教学内容。

3. 体育教师是选择和运用体育教学方法的主导者

能否正确地选择体育教学方法和手段直接影响着教学效果的好坏。现代体育教师是选择和运用体育教学方法的主导者，目前，市面上的体育教材为数众多，各类体育教材中对教学的方法和手段不尽相同，各有优势和弊端。体育教学方法和手段选择的正确与否会直接影响到教学质量的效果，因此，体育教师应选择与高校大学生的学习需求相适应的教学方法和手段，这就要求体育教师必须以教学目标和教学实际为根据，灵活、巧妙地运用各种教学方法，积极创设各种教学情境，来促进高校大学生对体育的学习。

4. 体育教师是高校大学生良好学习方式建立的主导者

体育教师对学生的影响是多方面的，就学生来讲，良好学习方式的建立对高校大学生的体育学习有着积极的推动作用。高校大学生要想掌握正确的体育学习方法，必须以探究性和自主性的学习方式为基础，在体育教师的指导下进行科学、有序的体育学习。只有在体育教师的引导下，学生的良好的体育学习方式才能最终形成，才能更加灵活、自主和富有创造性。因此，引导高校大学生建立良好的体育学习方式是高校体育教师的一个重要的体育教学任务。

5. 体育教师是评价高校大学生体育学习的主导者

体育教师是评价学生体育学习的主导者，主要表现在高校体育教师在日常的体育教学中应时刻关注每一位学生的表现，并根据学生平时在课上的学习态度和学习成果进行评价：对于表现优异的学生要适时表扬以激励他们，让他们更加有动力地学习；对表现一般或对某项知识、技能领悟得稍慢的学生应进行适度的鼓励并帮助他们解决学习中遇到的各种问题。最终使全体学生都得到进步和提高。

6.体育教师是创造优良体育教学环境的主导者

对良好体育教学环境的选择、创造是高校体育教师在教学中的主导性的重要表现之一。与其他学科的教学相比，体育教学的教学环境具有特殊性，具有美观舒适、激励性的特点，同时对教学的安全性也有较高的要求。因此，体育教师必须具备良好的教学情境的组织和创设能力，为学生创造宽松、愉悦的学习环境，以保证体育教学活动和学生体育学习的顺利展开。

（二）体育教学中教师主导性的发挥

当前，体育教师对高校体育教学过程中的主导性的发挥具有重要作用。具体来说，应做好以下三个方面的工作：

1.熟知高校体育教学的观念

熟知体育教材是指体育教师要明确体育"用什么教"和"怎么教"，具体来说，就是指高校体育教师要明确体育课的本质是什么，高校体育的教学绝不仅仅是教会学生掌握某种运动的技能，而是让学生通过学习体育运动最终明白要"懂得什么""学会什么""体验什么""形成什么"。体育教师要认真分析社会对人才发展的需求和学生的学习动机，在体育教学中通过积极的引导，使二者有机结合起来。

2.熟知高校体育教材的内容

熟知体育教材的要求和内容及其背后的体育学科基础，在脑海中形成有关体育的文化体系和技能体系的形象，有助于高校体育教师科学、系统地实施体育教学。在高校体育教学实践中，开展教学活动之前，体育教师必须明确其所教授的体育课程以哪本教材的内容为主，明确该教材的特点、重点、难点以及该教材与学生之间的关系，了解体育教材中的"科学体系"，直接参与到体育教材的选择事务中去，搞清教材中各章节内容与教学总目标之间的关系。只有这样，体育教师才能知道"把体育教学导向目标的载体和道路是什么"，才能取得理想的体育教学效果。

3.熟知大学生的身心发展规律和特点

高校体育教师要想把客观的运动技能学习与学生主观的条件相结合，就必须充分了解学生的身心发展规律和特点，才能有针对性地把学生导向最终的教学目标。在体育教学中，教师必须明确和熟知以下两点：

首先，学生具有统一性。不同年龄段的学生都具有一些统一的特征，如身体和心理发育特征以及基本相同的体育学习经验等，体育教师要研究与分析学生的这些共同特征，了解学生的共同的学习兴趣、志向、需求、不足，合理地展开教学。

其次，学生具有差异性。同一年龄段的学生之间存在着个体差异，如体格或性格特征相差较大。体育教师要认真研究与分析这些"特殊"群体的学生，了解不同学生在学习兴趣、志向和需求方面的差异，从而进行有针对性的引导，使每一位学生都得到发展。

二、高校体育教学中学生的主体性

（一）体育教学中学生主体性的表现

学生是体育教学活动的主体，在高校体育教学活动中，大学生虽然接受教师的教授、指导和引导，但更多地表现出积极的态度和有独立性的、有创造性的学习行为，学习成为大学生的一种自觉能动性活动。

1. 较强的学习自主选择性

在体育学习过程中大学生对学习内容的自主选择性主要表现在两个方面：一方面是对学习内容的选择，另一方面是对学习方式的选择。学生主动参与教学内容选择是当代教学思想所提倡的，学生选择教学内容是学生自主性中最活跃的因素。当然，要明确的是学生选择的体育教学内容是在体育课程专家根据社会和教育目标做初步筛选后形成的。学生对教学内容的自主选择有助于提高他们的学习兴趣，使他们的学习目标更加明确。因此，高校体育教师在选择体育教学内容时应主动地让学生在教学目标的框架内参与一部分教学内容的选择，以提高学生学习体育的兴趣。

2. 较强的学习能动性与自主性

学生在学习过程中的能动性表现在他们积极地参与体育活动，并能以自己已有的体育知识经验、认知结构和情感结构去主动地同化外界的教育影响，对它们进行吸收、改造、加工或加以排斥，使新、旧体育知识进行新的组合，这就是所谓的能动性。

大学生在体育学习过程中的自主性表现在他们对自己学习的方法有着独立、自主的意识，这主要体现在思想意识的层面；对体育学习活动有着一定自我支配、自我调节和控制的可能性，这主要体现在个性化学习方式和个性化学习行为方面。此外，大学生在学习中能充分挖掘自身的潜力（如想象力、变化能力和创新能力等），他们更喜欢探究性的学习。

（二）体育教学中学生主体性的发挥

随着体育教学的不断发展，当前，体育教师应树立"以人为本""健康第一"的教学理念，在体育教学过程中要尊重学生、关爱学生，要使大学生在高校体育教学过程中充分发挥主体性。具体来说，应做好以下几方面的工作：

1.教师的教学目标与学生的学习目标保持一致

在高校体育教学中，教师的授课目标应与学生的学习目标相符合并尽量保持一致。教师要明确体育"为什么教"，要充分理解社会对体育教育的要求和期待，将教授的目标转化成学生学习的目标，将让学生"懂得什么""学会些什么""体验到什么""形成些什么"转化为学生的"我要懂得什么""我想学会些什么""我想体验到什么""我想形成些什么"。

2.以学生学习的过程为主要依据设计教学过程

作为教学的两个方面，教师的"教"和学生的"学"是统一的。体育教师的体育教学应该为学生的体育学习与发展服务，通过体育教学提高学生学习与参与体育的兴趣，满足学生的体育学习和发展需求。体育教学过程中应充分考虑学生因素，以学生为中心展开体育教学活动。

3.以学生学习的特点为主要依据选择教学方法

让学生具有自己独特的、适合自己的"学习方法"是充分发挥学生的主体性的有效途径。在高校体育教学过程中，教师应指导学生，积极转变学生的学习方式，将单纯、被动的学习方式转变成多样化的学习方式。要根据高校大学生的智力发展特点和性格特征，不断创新，鼓励学生进行"自主性学习"和"探究性学习"，培养学生的自主学习能力，培养学生的探索精神和创新意识，使学生通过创造性的自主学习获得和掌握新知识和新技能。

4.创造满足体育教学需求的自由民主的教学环境

良好的教学情境能有效激发大学生的好奇心和探索精神，并诱发学生产生和提出各种各样的问题。教学的民主性是营造和谐的教学氛围的基本条件之一，它主要体现在教师尊重学生的人格、理解学生的学习基础和原谅学生在学习中的缺点和错误等方面。自由民主的教学环境的创设有助于学生能动的、有活力地学习体育知识与技能。

三、教师主导性与学生主体性的关系研究

（一）相辅相成

教师主导性与学生主体性在体育教学过程中是相辅相成的，二者相对存在，彼此互为依存。在体育教学中，学生的主体性与体育教师的主导性成正相关的关系，也就是说，学生的主体性随着体育教师的主导性越强而越强，随体育教师的主导性越差而越差。

体育教师的主导性重点表现在将体育教学目标加以明确，接着深入了解学生体育学习的动机、爱好、过程等，以此为依据来设计体育教学过程，既便于激发学生的学习动机与积极性，又有利于体育教师与学生共同顺利实现体育教学目标。因此可以这样说，如果学生的体育学习效果良好，就可以说明体育教师对学生有了深入了解，教师也深刻理解了体育教材，体育教师选择的教学方法也是正确的，这都是体育教师主导性的表现。

（二）相互促进

教师主导性的强化有利于发挥学生的主体性，具体分析如下：

从体育教学发展历程来看，正是在传统的体育教学中教师对学生主体性的忽视影响了体育教学的可持续发展，在体育教育改革不够彻底的环境中，以往一些体育教师对学生学习的主体性没有充分重视起来，也没有对学生的学习动机与兴趣进行深入了解，因此造成了枯燥、乏味的体育教学。然而需要强调的是，这并不意味着体育教师具有较强的主导性，主导性不是指体育教师主观、呆板和武断的思想与行为，相反，体育教师不重视学生主体性的行为可以看出其对学生缺乏责任，不能有力地促进学生学习动机与积极性的激发，学生也无法与教师默契配合，教师的主导性也无从发挥，体育教学因此会陷入一个尴尬的境地。

随着体育教学的改革，高校体育教学开始注重素质教育。素质教育重点强调在体育教学过程中要充分认识并重视学生学习的主体性，要把学生的主体性大力加以弘扬，提高学生学习体育的兴趣与动机，但这并不意味着要将教师的主导性抛之脑后。然而，有些人很容易表现出极端意识或行为，过分强调学生的主体作用，宣传"一切由学生决定""学生的学要比教师的教重要"等错误思想，这是完全割裂学生主体性与教师主导性的错误表现。

当然，必须科学地认识到，高校体育教学中对学生学习主体性的重视并不意味着要对体育教师的主导性加以否认或轻视，反而应该更加重视体育教师的教学责任与义务，严格规范体育教师的教学行为，不能片面地、盲目地分割学生主体性与教师主导性。

第四章　现代体育教学资源管理研究

体育教学资源的科学化管理是体育教学各项工作顺利开展的重要基础。体育教学资源管理具体涉及对体育人力资源、物力资源、财力资源的管理。本章重点就上述内容进行详细分析，来为体育教学管理者科学管理各种教学资源提供理论和实践指导。

第一节　现代体育教学人力资源管理

一、体育教学人力资源管理的概念与内容

（一）体育教学人力资源管理的概念

体育教学人力资源有广义与狭义之分。

广义的体育教学人力资源是指体育教学系统内部和外部所有能够推动体育教学发展的智力劳动者和体力劳动者的劳动力总和。根据上述定义可以看出，劳动能力包含很多内容，如体育知识、体育相关经验、体育技术、体育技能、智力、体育教学管理思想、体能、体质、认知、意志力等。由于人的劳动能力与人是一个紧密相连的整体，因此可以将广义的体育教学人力资源理解为体育教学系统内部和外部所有能够推动体育教学发展的从事智力劳动和体力劳动的人的总称。

狭义的体育教学人力资源是指体育教学系统内所有接受过专业的体育教育培养或接受过专门的体育运动训练和培养的能够推动体育教学发展的体育专业人员的劳动能力的总称。也可以将狭义的体育教学人力资源理解为体育教学系统内所有接受过专业的体育教育培养或接受过专门的体育运动训练和培训的能够推动体育教学发展的体育专业人员的总称。

体育教学人力资源管理主要指的是狭义上的体育教学人力资源管理。

（二）体育教学人力资源管理的内容

从人力资源类型来看，体育教学人力资源管理主要包括以下几个方面的内容：

（1）现实高校体育教学人力资源：现实高校体育教学人力资源是指正在投入到劳动过程中的，并对高校体育教学的发展作出贡献的劳动者，如在职的高校体育教师、教练员、裁判员、体育科研人员、体育管理人员、社会体育指导员、体育经纪人等。

（2）潜在高校体育教学人力资源：潜在的高校体育教学人力资源是指由于受到某些原因的限制而不能直接地参加特定的劳动，需要经过人力资源的开发等过程才能形成劳动能力的，如就读于高校体育专业的学生等。

（3）闲置高校体育教学人力资源：所谓闲置高校体育教学人力资源是指"求业人口"或"待业人口"的有劳动能力的人，如退役后等待安置的运动员，下岗后等待安置的教练员、裁判员、体育师资等。

从体育教学人力资源管理范畴来看，体育教学人力资源管理主要包括以下几个方面的内容：

（1）人员职务分析与设计：要对高校体育教学组织内的各个岗位进行详细的调查与分析，主要调查的内容为岗位的性质与结构、工作责任与流程，任职人员的基本素质、知识与技能等，对这些情况进行了解之后，再编写出相应的人事管理文件，如职务说明书、岗位规范等。

（2）人员激励：人员激励是通过采用激励方法和理论，不同程度地满足或限制员工的各种需求，使员工的心理状况产生相应的变化，从而激励员工更加努力地实现体育教学组织所期望的目标。

（3）人员考核：对员工的绩效考评有两个主要依据，一是其在一定时间内对高校体育教学作出贡献的多少，二是其在工作中所取得的成绩。考核后要将考核信息与结果及时向员工反馈，进而促进员工工作绩效的改善与提高，同时也为做出人事决策（如员工的计酬、培训和晋升等）提供相应的依据。

（4）人员职业规划：具体规划的内容包括两个方面：一方面是分析高校体育教学人力资源现状；另一方面是预测未来人员的供需与平衡，通过规划保证高校体育教学组织能够在需要的时候获得所需要的人力资源。

（5）人员培训与开发：通过组织员工个人或群体进行相应的培训，提高员工的能力、知识、工作绩效和工作态度，进而对员工的智力潜能进行开发，从而提高体育教学人力资源的贡献率。

（6）人员与组织劳动关系管理：对体育教学组织与员工之间的劳动关系进行合理的协调与改善，并营造出良好的工作氛围与建立和谐的劳动关系，从而为体育教学活动的正常开展提供保障。

二、体育教学人力资源管理的原则与要求

（一）体育教学人力资源管理的原则

1. 目标原则

体育教学人力资源管理的目标原则是指人力资源管理必须有明确的管理目标。明确的目标是进行人力资源管理的必要条件，因此在体育教学人力资源管理中，在重视实现组织目标的同时，也要对员工个人的发展给予高度重视。总的来说，就是要注重组织目标与个人目标的全面发展与实现。

2. 系统原则

体育教学人力资源管理的系统原则是从整体的观点出发，统揽全局，对人力资源系统结构进行把握，深入分析其能级，并且对其变化进行跟踪，与此同时，还要不断地对其进行调节、反馈，控制好方向，从而保证管理目标的顺利实现。

3. 激励原则

体育教学人力资源管理的激励原则是指在体育教学人力资源管理中，通过运用相应的政策手段，对体育人才的工作积极性和创造热情进行有效的激励，并且通过适当的手段对他们做出的成绩与贡献给予适当的奖励。一般来说，有很多种对人才积极性进行激励的方法，当前较为常用的方法主要有奖励激励、榜样激励、关怀激励、支持激励、目标激励、领导行为激励、竞赛激励等。需要注意的是，这些激励的手段和方法要根据实际情况和需求有针对性地进行选择和运用。

4. 互补原则

体育教学人力资源管理的互补原则是指能够通过体育教学人力资源管理上的互补，充分发挥出体育教学人力资源的整体效益。人员互补包括很多方面，如能力互补、知识互补、气质互补、年龄互补等。

5. 能级原则

体育教学人力资源管理的能级原则是根据体育教学人力资源的才能来对其所从事的具体工作进行安排，授予其相应的工作职权，并对其所要承担的责任进行明确，从而使人的才能适应从事的工作岗位的要求。以人的职称、学位等为主要依据将其安排

到合适的岗位上，能够使各个岗位人员的能级水平尽可能的规范化和标准化，从而达到人尽其才、物尽其用的目的，最终达到效率最优化的效果。

（二）体育教学人力资源管理的要求

在体育教学人力资源管理活动中，除了要遵循一定的原则外，还要满足一些相应的要求，只有这样，才能够取得理想的管理效果。具体来说，应该做到的体育教学人力资源管理的要求包括以下几点：

1. 为职择人

为职择人，要求人员聘用符合岗位需求，就是要求在体育管理活动中，要以体育事业的需求为主要依据来设置相应的体育管理机构，并且以此为依据将各岗位职责规范制定出来，然后按岗位选择合适的人才。

为职择人可以有效避免"关系户"的存在，从而消除传统体育管理部门机构臃肿、人浮于事、职责不明、效率低下的弊端。

2. 用当其人

不同的人才各有所长，也各有所短，因此，必须要用当其人。体育教学人力资源会在个性、特长、智力、知识、技术、能力等方面存在差异，鉴于此，就要求在使用各种人才时，必须做到用人之长、避人之短。同时，由于每一个人在一生中能力都会出现一定的最佳时期，一个人的能力能否及时发挥并经常得以运用在很大程度上决定着其才能储存时间的长短。因此，这就要求在体育教学人力资源管理中必须抓住人的最佳时期，并且使人的最大作用得到积极的发挥和利用。

3. 任人唯贤

所谓的任人唯贤，就是对体育人才进行选择和使用时，要根据人的水平、能力大小、技能水平等来进行择优选拔和使用，要杜绝任人唯亲的现象的出现。

4. 用人不疑

用人不疑要求在使用体育人才时，要对所选择和使用的人才给予充分的信任，并且积极听取其意见、尊重其行动、尊重其成果，从而创造出良好的尊重人才、信任人才的环境，进而达到充分发挥其工作积极性和主动性的目的。

三、体育教学人力资源的配置

（一）体育教学人力资源配置的概念

体育教学人力资源的配置是指高校体育人力资源在部门及各种不同使用方向上的

分配，并根据一定的经济或产出目标，实现人、财、物、时间、信息等要素的有机结合和充分发挥，从而获得最佳效率和最大产出的动态过程。具体来说，体育教学人力资源的配置可分为三个层次，即微观层次的体育教学人力资源配置、宏观层次的体育教学人力资源配置、个体的体育教学人力资源配置。

（1）微观层次的体育教学人力资源配置：具体发生在微观单位，是资源供求双方共同完成的行为。它是在既定的条件下通过对体育教学人力资源进行分配，使某个部门更好地组织和利用这些资源，并尽可能地让这些资源的作用得到最大化的发挥。

（2）宏观层次的体育教学人力资源配置：在体育教学不同部门之间进行人力资源的分配，要求使体育教学人力资源在最适宜的使用方向上得到有效的配置。

（3）个体体育教学人力资源配置：体育教学人力资源主动选择自己工作岗位的行为，它是体育教学人力资源进行自我选择的体现。

（二）体育教学人力资源配置的内容

1. 地区配置

地区配置是对体育教学人力资源的一种宏观配置，体育教学人力资源的地区配置是在一个地区体育教学人口和体育教学人力资源现状的基础上，根据该地区的资源状况和高校体育的发展规划，通过地区间体育教学人力资源的迁移及不同地区间的体育教学人力资源政策的调节来实现的。体育教学人力资源的地区配置要有利于各地区的高校体育发展，使各地区所具有的资源优势得到充分的发挥，以在保留各地区特色的基础上实现各地区的均衡化发展。

2. 领域配置

体育教学发展的领域包括多个方面，主要有学校体育领域、竞技体育领域、大众体育领域和体育产业领域。体育教学人力资源的配置必须要将重点发展领域作为主要发展目标。根据领域的联系，即对投入与产出中各领域之间的关系进行综合平衡后予以确定。体育教学人力资源的领域配置应该根据我国的国情和我国体育教学的发展，准确把握体育教学人力资源的投向，保证重点发展领域的体育教学人力资源供给，同时还要对一般领域进行兼顾。对各领域间的体育教学人力资源规程、比例、机构等进行合理的规划，从而使体育教学人力资源的领域配置取得最佳效益。

3. 职业配置

职业配置在体育教学人力资源中起着非常重要的作用，是对体育教学人力资源质的规定性的直观反映。从体育教学人力资源质的规定性来看，其差别主要表现在水平等级和职业种类两个方面。在进行体育教学人力资源的职业配置时，首先要从水平等级和职业种类两个方面进行区分，然后根据各个职业岗位的具体需求分别将相应水平等级和职业种类的人力资源投入其中，从而使其达到最优结合。另外还要考虑可能条件下的职业替代，以此来弥补一些职业的供不应求现象。对职业需求进行科学的预测是实现体育教学人力资源合理配置的根本方法。要根据预测的结果合理安排各级、各类的教育教学规划，对各类体育人力资源进行适时和适量的培养，从而使各种职业岗位的需求得到很好的满足。

4.运动项目配置

运动项目配置是当前各级学校实现体育人力资源（主要指教师）管理的最主要形式，体育教学由众多的体育运动项目构成，所以体育教学人力资源的配置应包括运动项目的人力资源配置。在进行运动项目人力资源配置时，要注意和重视团队的合理性，如职称结构、年龄结构、人员结构等，要尽量避免运动项目可能出现的人才过分集中所导致的人力资源匮乏现象。

四、体育教学人力资源的规划

（一）体育教学人力资源规划的概念

所谓体育教学人力资源规划是指为了促进体育教学的发展，对体育教学人力资源在变化的环境中的供给和需求情况进行分析和预测，通过制定相应的科学、有效的措施来保证在一定的时间和岗位上获得所需要的人力资源，并对这些人力资源进行有效管理的过程。

全面认识体育教学人力资源规划的概念，可以从以下几个方面进行分析：

（1）规划目的：要确保体育教学在一定的时间和岗位上获得需要的人才（包括数量指标和质量指标）。

（2）规划要求：要与体育教学的发展战略相配合，满足体育教学发展对人力资源数量和质量的要求。

（3）规划基础：要对环境（政治、经济、文化、法律、技术）的变化对劳动力市场的影响进行科学的分析和预测。

（4）规划内容：分析和预测体育教学内部人力资源的需求以及体育教学外部人力资源的供给，以此来制定相应的人力资源措施和相关政策，如员工招聘、员工晋升、员工开发与培训、人事调动和补缺、员工的离职处理等，从而为满足体育教学发展的各个阶段对人力资源的需求提供重要保证。

（5）规划宗旨：实现体育教学和员工的双赢，即体育教学获得需要的人才，同时员工也得到了施展才华的空间，并与体育教学共同成长。

（二）体育教学人力资源规划的原则

1. 符合体育教学环境变化

体育教学环境有内部环境与外部环境之分，只有在对体育教学内部和外部环境变化进行充分考虑的前提下，制订出的体育教学人力资源计划才能适应需要，才能真正地为促进体育教学的发展服务。体育教学人力资源计划要对这些可能出现的情况做出相应的预测和风险提示，特别是要制定出应对风险的策略。

2. 保障体育教学人力资源供给

体育教学人力资源保障问题包括对人员流入和流出的预测、对内部人员流动的预测、对人员流动的损益分析、对社会人力资源供给状况的分析等。只有使体育教学人力资源的供给得到有效的保证，才有可能对体育教学人力资源进行更深层次的开发与管理。

3. 体育教学与成员长期共赢

就我国高校而言，体育人力资源计划既是面向体育教学的计划，又是面向其成员的计划，体育教学的发展与其成员的发展相辅相成。如果仅仅考虑体育教学的发展需求，而忽视了其成员的发展，就会对体育教学发展造成损害。优秀的体育教学人力资源计划，一定是能够使体育教学和其成员都获得长期利益的计划。

（三）体育教学人力资源规划的流程

（1）全面清查现有的体育教学人力资源。

（2）分析环境和现状（包括对外部环境的变化及发展趋势的分析、体育教学内部体育人力资源现状的评估）。

（3）预测体育教学人力资源供需，包括高校体育人力资源的需求和体育市场的人力资源供给两个方面。

（4）评估高校体育人力资源供求状态（确定供求是处于平衡状态还是不平衡状态，其中不平衡状态又分为体育人力资源短缺状态和剩余状态）。

（5）制订科学、合理的体育教学人力资源计划和具体的行动方案。

（6）实施体育教学人力资源计划和具体的行动方案。

（7）评估体育教学人力资源计划和行动方案的实施效果。

高校体育人力资源计划和行动方案的实施情况以及对实施效果的评估为体育教学发展战略和目标的调整与制定提供了重要的决策依据。

五、体育教学人力资源的培育

所谓体育教学人力资源培育，具体是指在一定条件下，通过一定的方式来促进体育教学人力资源生成的过程。体育教学的发展依靠的是优秀的体育教学人力资源团队，包括体育教师和学生。

（一）体育教学人力资源培育的特征

1. 周期长

体育教学人力资源的培育需要很长一段时间。首先要进行科学的选材，将符合条件的苗子选出并经过长时间的培育才有可能获得理想的效果。无论是体育教师还是学生，在他们成为合格的体育教学人力资源之前，都要经过很长一段时间的培育过程。

就学生而言，一名学生（尤其是大学生运动员）成才，需要经过十多年的努力，并且在这段时间内还要不断地进行培育。

就体育教师而言，一名合格的体育教师同样也需要经过很长时间的培育，通过不同层次的考核和考试，教师才能获得相应的教学资格。

2. 成本高

成本高是体育教学人力资源的重要特征之一，也是影响体育教学人力资源培育的重要因素之一。体育教学人力资源的成才需要很高的成本投入，其中不仅包括为生活、训练付出的物质成本，还需要承担一定的受伤成本。此外，高校体育人力资源成才还有着较高的机会成本，体育教师和学生需要接受较长时间的学习和训练，从而失去了通过其他途径成才的机会。

3. 风险大

以高校大学生运动员的培养为例，由于体育活动具有的独特性，高校体育人力资源成才需要承受较大的风险，受伤概率较高。需要长时间从事某一运动项目的高强度训练，单调、艰辛、枯燥、日复一日的训练，都使得学生受伤的概率提高。

4. 成才率低

校园体育受多种因素影响，体育运动人才发展对人的运动技能和心理素质提出了较高的要求，有很多具有潜质的体育后备人才由于种种原因不能成才，淘汰率也非常高。

（二）体育教学人力资源培育的类型

1. 就业前培育

就业前培育主要分为学校教育和学校以外的教育。

（1）学校教育：学校教育相对较为正规，重视理论的学习，教学效果也相对较好，同时由于师资、学生、场地和教学设备相对都比较集中，与同等水平、同等总量规模的分散办学相比，学校教育在教育经费的节省和经济效益方面都比较好。我国一些专门的体育院校以及其他综合类大学的体育专业的教育均属于学校教育。

（2）学校以外的教育：根据人力资源市场的需求进行针对性教育，往往直接与就业挂钩，其具有的特点是针对性强，重视劳动岗位的实际技能，形式灵活多样、时间短，能够较快地使接受教育者获得职业技能，及时满足体育教学人力资源的需求，如体育经纪人、游泳救生员、社会指导员等短期培训均属于此类。

2. 就业后培育

就业后的人才培育，也可以统称为"继续教育"。当前，"继续教育"已成为经济活动不可缺少的条件，就业后培育除了能够满足各种微观经济单位对提高人力资源质量的要求外，还要在当今人力资源大量流动的条件下，更好地解决其职业适应性的问题。一般来说，就业后培育通常是由微观经济单位——组织及其部门举办的。从组织的角度来看，职业教育主要包括以下三个方面的内容：

（1）新成员的入职教育。

（2）在职人员的养护教育。

（3）在职人员的提高教育。

（三）体育教学人力资源培育的内容

1. 技战术培育

就当前体育发展来看，技战术能力水平会成为体育教学人力资源将来就业的主要竞争力。可以通过相关运动项目的技战术培育，以及在比赛中使自身的技战术得到相应的锻炼，达到体育教学的要求。需要注意的是，在高校体育人力资源培育阶段，如果没有进行扎实的技战术训练，会对体育教学人力资源的发展造成致命的影响。

2. 体能培育

对于一些球类运动项目来说，体能水平起着非常重要的作用，特别是对于那些身体直接对抗的球类运动项目来说，体能水平是达到高水平的基础。

3. 价值观培育

在体育教学人力资源价值观培育的过程中，相关体育教学的历史、体育教师和学生、各项赛事记录、各项技术统计的记录都是重要的载体。体育教学价值观的培育对体育教学人力资源的培育有积极的作用。

4. 文化水平培育

文化水平是体育教学人力资源的重要人才构成要素之一。同时，也是体育教学人力资源培育的一项重要任务。高校体育人力资源细微的举动都将对体育教学和广大的青少年产生非常大的影响。因此，在体育教学人力资源培育的过程中，进行文化水平的培育对体育教学人力资源的持续发展有着非常重要的意义。通过进行文化水平的培育，可以提高体育教学人力资源的自身文化素质，提高受教育者的气质与风格，并能树立培养体育教学人力资源的正面的整体形象。

除了上述重要素质及技能的培育，在体育教学人力资源培育的过程中，还要对这些人力资源的管理能力、应对突发事件的能力等进行培育。通过这些培育，可以在一定程度上提高其管理能力。另外，在体育训练和体育比赛的过程中处理和应对突发事件的能力也是培育的重要内容。

第二节 现代体育教学物力资源管理

一、体育教学物力资源管理的概念

物力资源（Material resource）一词首先是在对经济资源概念的论述中提出来的。要想更好地论述和了解物力资源，首先要先认识一下经济资源。所谓的经济资源（Economic resource）是指一个国家或一定地区内所拥有的各种物质要素（包括物力、财力、人力等）的总称。通常情况下，可以将经济资源大致分为两大类，一类是包括水、空气、阳光、动物、森林、土地、草原、矿藏等在内的物力资源，另一类是包含信息资源、人力资源以及经过劳动创造的各种物质财富的社会资源。物力资源是指人类社会经济活动用以依托的客观存在物。作为人类社会生存和发展的基础，物质资源的任何形态、来源、特征、用途等都不可能使其这一根本属性有所改变，只能立足于最初由自然界所提供的物力资源。

一般认为，所谓的高校体育教学物力资源，简而言之就是用于高校体育教学活动及其相关方面的客观存在的各种资源。高校体育教学物力资源管理是指在高校体育教学中，管理者通过一定的方式来将高校体育教学物力资源进行整合，从而实现高校体育教学目标的活动。换言之，高校体育教学物力资源管理就是在开展高校体育教学活动过程中，对用到的物力资源（场地、器材、设备、场馆等）进行协调，从而达到顺利开展高校体育教学活动目标的活动过程。

二、体育教学物力资源管理的要求

（一）体育场馆资源管理要求

体育场馆的管理是体育教学物力资源管理的一项基本工作，也是非常重要的一项工作。高校体育课程教学工作能否顺利进行，与体育场馆有着较为密切的联系，因此，一定要重视体育场馆的管理，并且要将这一工作切实做好。具体来说，应该做到以下几个方面的要求：

1. 功能齐全，搭配合理

为了保障课堂教学、活动和训练的正常进行，体育场馆的功能必须要使教学需求得到满足，并且要搭配合理，专馆专用。其中，高校中普遍开展的体育课程要保证优先进行，这类体育课程主要包括田径、篮球、排球、足球、羽毛球、乒乓球、武术、健美操、游泳、体操等。

2. 卫生整洁，环境优雅

高校中体育场馆的主要功能就是使师生体育活动的需求得到满足，保障师生身心健康，因此，必须做到整洁、安全、环境优雅。具体来说，对体育场馆的要求主要有：不得在体育场馆周围2米以内设置障碍物，大型器材应固定摆放，定期检查、维护器材，保持体育器材和场馆地面的卫生，定期进行消毒和保洁。

3. 器材堆放，秩序井然

体育场馆内体育器材的摆放应该做到分门别类、秩序井然，以使用频率为主要依据对其进行分类。为了方便教学活动的进行，通常情况下，经常使用的大型器材要在固定位置摆放，小型器材定点存放。需要注意的是，不经常使用的器材禁止在场内随意摆放，必须收进保管室内妥善处理。

4. 环境安静，不影响上课

体育场馆环境的管理包括两个方面，一个是体育场馆内部的管理，另一个是体育场馆外部的管理。对体育环境产生影响的外部因素较多，如他人的走动或观望等，体育教师应正确对待和处理这些因素，保证良好的体育环境。

5.制度健全，责任分明

由于体育场馆中的很多工作都是周而复始的，比如保洁人员每天的工作都是打扫同一个地方、收拾同一件物品，管理人员有时会检查同一批器材、巡视同一个地方。因此，体育场馆的管理是一项长期、细致、艰巨的工作，需要制度化，施行责任制。

众所周知，简单工作的单调重复，往往会让人产生枯燥的感觉，视觉疲劳、精神疲惫也比较容易产生，时间长了就会使人们对工作失去激情，也会降低人们工作的热情，造成情绪下降，工作质量缩水、淡化。因此，使工作制度化、常规化，施行岗位责任制是非常重要且必要的。鉴于此，通常可以采用周期安排的方法，以一周或一月为一周期，以事情的轻重缓急为主要依据，均匀地将工作安排在一个周期内，以便于在保证工作不单调的同时又能把需要做的事都做完。要把工作的质量以制度的形式规定下来，循规办事，就可以使工作的正常进行得到有效的保证，同时，这也便于工作人员的操作和管理人员的检查。

（二）体育器材资源管理要求

不同体育器材需要不同的存放环境，并需要定期进行保养和维护，因此，可以说体育器材的管理是一项非常烦琐的工作。这就要求对于高校体育器材的管理工作在操作上要程序化、制度化。具体来说，应该从以下几个方面入手：

1.分门别类地放置体育器材

在放置体育器材时，要根据相应的标准分门别类。通常情况下，可以按照使用频率、材质、形状等分别进行放置，如篮球、排球、足球、标枪、横杆、铅球等要上架，服装、小件器材要入柜，羽毛球拍、网球拍等要悬挂整齐。

2.外借体育器材手续应齐全

（1）以教学规律按时、按项目、按量把器材提供给任课教师，不可以随意外借器材。

（2）体育教师要根据教学的需要填写器材申请单，学生凭体育教师签名的申请单到器材室领取器材。

（3）在课外活动时间使用体育器材的部门需要提出申请，经体育部负责人批准，方能借出，并要在使用完后立刻归还。

（4）当面点数、检验外借器材，做到如数、完整、完好。

（5）当面检验回收器材后，一次性地将器材放回原来的位置，严禁随意堆放。

3.保持体育器材室的清洁

体育器材室内应该随时保持整洁的状态。卫生工作的频率通常为每天一小扫，每周一中扫，每月一大扫。在进行卫生工作时，要做到每个角落都要进行仔细的清理。

要保持一个优美、舒适的工作环境，通风条件要好，减少细菌的传播，以使师生的身体健康得到有效的保证。

4. 器材管理员在上课期间要坚守岗位

对于每天的工作任务器材管理员要有计划、按部就班地进行和完成。一般来说，在上课前要做好卫生、整理场地器材、给球充气等方面的工作；上课期间，器材管理员要随时准备应付如天气变化、任课教师改变计划、器材损坏等突发事件，以使教学秩序正常、有序的进行，切忌擅离职守。对不同材质和功能的体育器材的管理方法也有一定的差异性。具体的管理方法见表4-1。

表 4-1 体育器材的管理方法

器材		管理方法
金属设备		（1）金属活动器材收回后，第一项工作就是进行清洁和防锈处理，如发令枪、高级跳离架、高级排球架、跨栏架、室内双杠等，使用后应及时做防锈处理，妥善保管 （2）金属固定器材，特别是室外金属固定器材，每两年要刷漆一次，以保证金属器材不生锈，能长期使用
电器设备		（1）防尘：电器不用时，要及时断电、入库或覆盖，以防止灰尘的侵入 （2）防霉：为了防电路不畅，闲置的电器设备每个月要通电30分钟以上 （3）防腐蚀：电器设备应该放置在干燥、无污染的地方，防止腐蚀；带干电池的电器设备在不用时，必须及时拆卸干电池，以防电池穿孔漏液，腐蚀损坏电器
秒表管理	电子秒表	（1）使用前，必须给每块表配上表带，表带的长度一定要使表挂在脖子上正好垂在肚脐的高度 （2）电池要经常保持有电，不要为了节约电把电子表的电池卸下 （3）使用秒表时要把秒表挂在脖子上，严禁提在手上甩 （4）熟悉秒表的功能和使用方法 （5）电子秒表不宜暴露在阳光下，液晶显示屏惧怕阳光直射 （6）秒表每天都要回收 （7）节能操作 （8）防潮、防毒 （9）定期检查
	机械秒表	（1）机械秒表维修费用高、计时不准确。因此，多使用电子秒表 （2）机械秒表的使用与电子秒表基本相同，在使用上要注意在使用前给秒表拧紧发条。一年送修行校对一次快慢，三年洗一次油 （3）机械秒表的保管在收纳前必须让秒表走到发条松懈为止，严禁紧上发条长期存放。其他保管方法与电子秒表相同

续表

器材	管理方法
球的管理	（1）篮球、排球、足球的气压在上课前全部要检查一遍，及时充好气，并做好使用记录 （2）需要让有经验的管理人员给球充气，可以在用电动充气机充气时观察电动充气机上的气压表，同时通过挤压等方法控制充气量。球的气太少可以继续补充，球的气太多必须放掉，不然会缩短球的使用寿命 （3）季节不同，球的充气量也有所区别。夏季、初秋球内气体会膨胀，给球充气不能太多，有时还要适当放气，避免球内气体膨胀把球胀坏 （4）给球打气要把气针剪短，只留2~3毫米长，插入气嘴后，压住气嘴，利用气压的变化将气注入球体。这样的气针对气嘴没有什么损伤，但要注意压气嘴时力量要适中，不然会把气嘴顶入球胆中 （5）放气的气针应该是完整的，由于球的气嘴是橡胶材料做的，放气前一定要先将气针蘸点水，再插入气嘴，尽量减少气针对气嘴的损伤，避免气嘴过早漏气，延长球的使用寿命 （6）为了减少气针对气嘴的摩擦，最好的办法是不要给球充气过多，尽量不使用气针放气

三、体育场馆的管理

体育场馆是学校进行体育教学、活动、训练的专用场所，为了充分利用体育场馆为学生服务，并使体育场馆安全、健康、高效的使用得到保证，特别制定了关于体育场馆的一些管理制度，具体表现为以下几点：

（一）体育场馆的开放时间

（1）制定体育场馆上课时间时要以学校的上课制度为依据，通常是上午8：00—12：00，下午2：30—4：00。

（2）通常情况下，体育场馆课外活动时间为学校放学或者下课的时间段，一般在下午4：30至晚上9：30。

（二）体育场馆的使用规定

在使用体育场馆时，为保持体育场馆的良好环境和保证体育课的顺利进行，要遵守以下几个方面的规定：

（1）必须遵守体育馆开放时间的安排；上课时间，非上体育课的学生不得擅自进馆活动，闭馆时要自觉离开体育场馆。

（2）在课外活动时间，体育场馆优先为校代表队提供训练、比赛场所，其他场地可以对外开放。

（3）未经允许，不得随意变更体育场馆内各个教室的工作用途。

（4）未经允许，不得随意拆卸和挪用体育场馆内的器材。

（5）满足体育课的教学和课外体育活动的需求是体育场馆的首要任务。因此，未经许可不得将体育场馆挪为他用。

（6）必须按规定着装进入体育场馆，不按规定着装参加体育课或者体育训练者要给予一定的警告。

（7）在馆内上体育课时严禁大声喧哗，以免对其他学生上课产生影响。随身携带的物品应放在适当的地方，不得悬挂在体育器材上，如衣物和饰品等。

（8）体育场馆内严禁用脚踢球，以避免对馆内人员和器械造成伤害。

（9）在体育场馆内严禁随地吐痰、乱扔果皮纸屑，要养成随手带走垃圾，或者扔入垃圾桶的好习惯，以保持体育场馆内的良好的卫生情况。

（10）贵重物品一般不建议带入馆内，要随身携带，也要妥善保管，丢失概不负责。

（11）校外单位使用学校体育运动场馆，要事先向学校提出申请，经批准并履行程序后才能使用，否则不允许进入体育场馆。

（12）如有违反上述中的任一条例，工作人员要给予违反者相应的处罚。

（三）体育教室的使用管理

1. 乒乓球室管理

乒乓球室是进行乒乓球运动的专用场地。针对乒乓球室制定的管理制度能够使师生乒乓球课和业余乒乓球活动中的正常使用得到有力的保证。具体的规定包含以下几个方面：

（1）进乒乓球室必须按规定着装。不许穿不适合乒乓球运动的鞋参与活动。

（2）不许用手和球拍敲打球台。

（3）乒乓球台和网架上不许堆放或悬挂衣物、帽子等物品。

（4）不许利用乒乓球进行赌博等非法活动。

（5）不许坐或站在球台上，或在室内任意攀爬、打闹。

（6）不许随地吐痰、乱扔果皮纸屑，保证室内清洁。

（7）遵守体育馆开放时间，到时要自觉离馆。

（8）违反以上制度者需进行惩罚。

2. 武术教室管理

武术教室可以供搏击运动教学和训练使用，主要包括武术、散打、跆拳道、拳击等运动项目。此类运动教室是武术运动的专用场地，武术教室的规定主要包括以下几个方面：

（1）未经许可，武术教室不得挪为他用。

（2）武术教室内的器材设备，未经许可不可擅自动用。

（3）不许随地吐痰、乱扔果皮纸屑，保证室内清洁。

（4）随身携带的物品，不许挂在器材上。

（5）进武术教室活动必须按规定穿鞋，不许穿不适合武术运动的鞋。

（6）随身携带的贵重物品，请本人妥善保管好，丢失概不负责。

（7）请遵守体育馆开放时间，到时要自觉离馆。

（8）违反以上有关条款，对相关人员做罚款处理。

3. 健身教室管理

健身教室是从事身体健美的教学场地。一般设备和器材都比较昂贵，器材繁多，也有一定危险性，因此，这就需要制定相应的制度，来保护健身教室及其中的设备、器材。健身教室的管理制度主要包含以下几个方面的内容：

（1）不得擅自做主、盲目蛮干，必须服从体育教师的指导。

（2）必须按要求正确使用健身器材，以使损坏器材、造成伤害事故的情况发生得到有效避免。

（3）器材使用后不许乱放、乱扔，要放回原处。

（4）随身携带的物品请放在适当的地方，不许放在器材上。

（5）随身携带的贵重物品请自己妥善保管，丢失概不负责。

（6）不许随地吐痰、乱扔果皮纸屑，保证室内清洁。

（7）请遵守体育馆开放时间的安排，闭馆要自觉离开。

（8）违反以上任何一条，对相关人员视情况进行处理。

4. 健美操教室管理

健美操教室是进行健美操活动的专用场地，健美操教室的管理制度主要包括以下几个方面：

（1）未经允许，健美操教室不得挪为他用。

（2）不许破坏室内公共设施，损坏照价赔偿。

（3）进健美操教室活动时不许大声喧哗，以免对其他人的活动产生影响。

（4）随身携带的物品请放在适当的地方，不许挂在器材上。

（5）不许随地吐痰、乱扔果皮纸屑。

（6）进健美操教室必须按规定穿鞋，穿不适合进行健美操活动的鞋是不允许进入的。

（7）请遵守体育馆开放时间，到时要自觉离馆。

（8）违反以上任何一条，对相关人员酌情处理。

5. 多媒体教室管理

多媒体教室是体育理论和体育欣赏课的室内教学场所，多媒体教室的管理制度主要包含以下几个方面：

（1）进入多媒体教室上课要保证室内清洁，环境卫生。不得随地吐痰、乱扔果皮纸屑。

（2）进入多媒体教室上课的人员，未经允许，不得随意动用电教设备。

（3）使用多媒体教室需先申请，并确定使用时间，经批准后才能使用相关器材。

（4）在多媒体教室上课时不得大声喧哗，以免对其他班上课产生影响。

（5）请爱护多媒体教室内的公共设施，损坏要照价赔偿。

（6）多媒体教室应有专人管理，不允许其他人员随意进入。

（7）违反以上任何一条，对相关人员视情况进行处理。

四、体育场地的管理

（一）田径场管理

田径场是进行各种体育教学活动和举行大型运动会、体育休闲运动的场所。田径场的管理制度主要包含以下几个方面：

（1）田径场实行封闭式管理，进入田径场的人员，必须要服从场地管理人员的管理。

（2）需要使用田径场、足球场，应事先向学校提出申请，经批准并履行租用程序后，交纳场租费方可进入。

（3）严禁在田径场内吸烟、乱扔果皮纸屑，要保持场内良好的环境卫生情况。

（4）上体育课时间，非上课人员不得入内。

（5）严禁穿不适合田径场跑道和足球场草皮的鞋进场活动。

（6）每年都会有封坪育草阶段，任何人不得在封坪育草期间进入草地。

（7）课外活动时间内，未经许可，不是本校师生不得入内。

（8）严禁一切车辆进入田径场，不听劝告、违反规定者，做罚款处理。

（二）室外运动场地管理

1. 煤渣场地的管理

（1）鉴于煤渣场地的特殊性，因此应尽量使其表面保持适宜的湿度。经过实践认定，该湿度一般应保持在 30% 左右较为适宜。

（2）场地表面应保持适宜的硬度。场地硬度大，使用次数也就最多，因此，为防止场地快速硬化，可常翻修场地，可在第一块场地上放置栏架，暂停使用。

（3）及时铲除场地上的杂草，雨季更应加强除草工作。有条件的场地周围应种上树木，净化空气、防风尘、保护地面。

（4）及时清除场地内沿边的积土，以免影响场地的正常使用。

（5）及时修整场地、平整场地、喷水、压实。

（6）严禁在场地上驾驶包括自行车在内的各种车辆。

2. 水泥场地的管理

（1）水泥场地上的砂、石、泥土和污物要及时清扫，保持整洁。

（2）雨季应及时清除积水，冬季应及时清除冰雪。

（3）做好水泥场地的填充或铲除填缝料工作，保持其接缝完好，表面平顺。当地气温最低时对较大接缝空隙进行灌缝填料，当气温上升填缝料挤出缝口时，应适当铲除并设法防止砂、石挤进缝内。

3. 木质场地的管理

（1）未经允许，任何单位和个人均不得进入场地内训练或活动。

（2）未经允许，场内固定器材不得移动。

（3）禁止在木质场地内进食、饮水。

（4）禁止在场地内吸烟、吐痰和泼水。

（5）禁止在场地内开展其他激烈的球类运动和竞赛运动，如踢足球、投掷、拖拉重器材，收拾器材时要轻拿、轻放，将物体搬起移动。

4. 塑胶场地的管理

（1）合理使用塑胶场地，只允许场地承担专项训练和比赛的使用。

（2）当场地遇水且需要急用时，应尽快对有水地区进行擦拭及干燥处理。

（3）禁止机动车辆在上面行驶，以防滴油腐蚀胶面。

（4）禁止携带易爆、易燃和腐蚀性物品进入塑胶场地。

（5）禁止在场地吸烟和吐痰。

（6）禁止在塑胶场地上使用杠铃、哑铃、铅球、铁饼、标枪等器材，以免剧烈的机械性冲击和摩擦使场地的弹性减弱和变形。

（7）发令枪要妥善保管，以免走火损坏场地。

（8）进入场地者必须穿运动鞋。跑鞋鞋钉不得超过 9 毫米，跳鞋鞋钉不得超过 12 毫米。

（9）塑胶跑道上的标志线要保持清晰、醒目，模糊后要及时喷塑胶液，重新描画。

（10）做好塑胶跑道的清洗工作。一般来说，应每季度大洗刷一次，比赛前后也要冲洗。

（11）做好塑胶跑道的修补工作。

5. 草坪场地的管理

（1）严格遵守草坪场地的使用规定，爱护草坪和场内设施，保持场内卫生。

（2）禁止机动车辆进入草坪。

（3）田径运动的掷标枪、铁饼和推铅球等项目，只能在比赛时使用草坪场地，训练时尽量不使用或少使用。

（4）根据季节和草的生长情况合理使用草坪场地，以华北地区为例，每年 12 月至次年 4 月为草坪保养期，一般不安排使用；5、9、10、11 月可两天使用一次；6、7、8 月可每天使用。南方草坪场地可全年使用。

（5）做好草坪场地的越冬管理。越冬前，进行一年之中的最后一次修剪；早春草坪嫩叶返青前，进行一次滚压；返青后应及时浇水。

五、体育器材的管理

（一）体育器材的购置管理

在各级学校中，特别是在高等院校中，由于平时开展的体育教学活动较多，种类也更加丰富，所以要配备更全面的体育器材。也就是说，这些器材中的绝大多数都要通过购买的形式获得（也有一些器材会通过接受馈赠的途径获得）。体育器材设备的质量将直接影响体育教学效果，甚至还关乎教学过程中的教学主体的安全。因此，在购置器材设备时，要进行细致的考评和研究，选择国家正规的体育器材生产厂商的产品，购买器材事物要指派专人全程跟踪完成，以求对购买的体育产品做到严格把关。

体育器材的购置应结合一些国际单项协会对比赛器材设备上制造厂商的名称、标记或商标的字号、高度等的严格规定，按比赛规则的要求购置体育器材。购置过程中，应对体育器材认真挑选，看其是否符合比赛规则中的有关规定，以免影响比赛，造成资源浪费。

（二）体育器材的入库管理

一般来说，在体育器材购入后，应将其分门别类地入库存放。由于体育器材的质地和用途不同，要特别对某些器材予以特殊照顾，如木质器材和电子器材需要放置在干燥地区；金属器材不要放置在高处；常用到的器材尽量放置在离门不远的位置；还有诸如球拍和球类最好放置在专门的保管柜中。

第三节　现代体育教学财力资源管理

一、体育教学财力资源概述

体育教学财力资源，从狭义上来讲，就是我们所说的体育资金。体育资金是体育事业得以顺利发展的必要条件，也是体育经济学研究的重要课题。

（一）体育资金的含义

资金是国民经济中物质的货币表现。根据不同的标准，可以将其分为很多种形式。比如，以分配形式为依据，可以将资金分为财政资金和信贷资金；以用途为主要依据，可以将资金分为建设资金、生产经营活动资金和其他用途的资金。而表现在体育领域内，专门用于发展体育事业的人力和物力的货币就是所谓的体育资金。根据不同的标准，可以对体育资金进行不同的划分，即其具有多种不同的形式。其中，最主要的形式有以下两种：

（1）根据体育资金的使用性质，可以将体育资金分为体育事业投资和体育基本建设投资。

（2）根据体育资金的使用去向，可以将体育资金分为群众体育投资、竞技体育投资和体育教育科研投资。

（二）体育资金的特点

体育资金同一般资金有着相同的地方，但同时也有着自己的特色。具体来说，其显著特点主要表现在以下几个方面：

1. 政策性特点

一般来讲，体育资金的来源、分配和使用都按国家体育产业发展的相关政策进行，这就是体育资金的政策性特点。目前，我国体育事业的发展非常迅猛。体育投资逐步被纳入了国民经济和社会发展计划中，国家下拨的体育经费、职能部门的专项拨款等都与国家政策性的指导有着非常密切的关系。

2. 多样性特点

世界各国体育资金的来源主要有三种，即"拨款型""筹款型"和"结合型"。这三种资金来源的特色和优缺点有一定的差别，就当前情况来说，所占比重较大的是"筹款型"和"结合型"，"拨款型"所占比例相对较小。

3. 效益性特点

体育资金的使用（不管是否合理）能产生一定的社会效益和经济效益。体育资金在投入体育市场以后，能够对竞技体育的快速发展起到积极的促进作用，同时还能够对整个体育产业和国民经济的发展起到一定的推动作用。

4. 增长性特点

在当前的市场经济条件下，各国都较为重视对体育的投资，每年各国的体育资金都在快速增加，特别是经济发达的国家和地区。我国对体育的财政拨款也呈逐年增加的趋势。在国家财政拨款保持稳定和增加的基础上，社会集资、企业赞助等也有所上升，体育资金总量增长迅速。这就充分体现出了体育资金增长性的显著特点。

5. 不充足性特点

随着我国体育事业的快速发展，竞技体育、群众体育和体育科研等都有着较大程度的发展，因此，这些方面的经费开支也越来越大，并且出现了体育资金不足的情况。具体来说，主要体现在以下几个方面：

（1）体育基础设施建设资金较为缺乏。资金的投入较为缺乏，导致我国高校体育基础设施建设不完善。

（2）体育科研经费紧缺。科研经费已经成为一个对我国体育科技进一步发展产生重要影响的因素。

（3）群众体育活动经费紧缺。尽管我国的体育事业有着较为迅速的发展，群众体育活动也有了明显的进步与发展，但相对来说，某些地方的群众体育活动开展得还是较少，而对体育活动资金的投入较少是导致这一问题产生的主要原因。

二、体育经费管理的过程

（一）体育经费的预算

按年度对体育教育的各项经费进行收支预算，就是所谓的高校体育经费的预算。

高校体育经费的预算是有一定依据的，具体包括以下几个方面：

（1）国家和学校的有关财政法规制度。

（2）当年度学校经费预算的指导思想。

（3）上年度收支指标完成情况和决算财务的分析。

（4）学校对经费预算的要求。

（5）本年度开展学校体育工作所需要的经费预测或者计算与上年度相比主要增减项目的经费。

（6）本年度学校体育自我创收经费估计。

（7）熟悉预算科目和预算规格。

体育教学部（室）在对体育经费的使用管理方面，应当在遵循勤俭节约原则的基础上，以财务管理的规定和权限为主要依据，履行相应的报批程序，严格执行国家和学校制定的财务制度与经费使用办法。

（二）体育经费的收入

要想支出必须首先要有收入。在过往的很长一段时间内，由于社会发展所限，学校中的体育经费基本上由校方甚至是上级教育部门决定，体育教育保持着"有饭吃饭，无饭喝风"的状态。当然这里所谓的"喝风"并不是终止体育教育，而是指只能凭借已有的场地或器材进行教学活动。如果器材因破旧而损坏，也不能及时修整和更换，只能对所需器材进行统筹调配。这样一来，教学虽可勉强开展，但实际质量不可避免地会出现下降。社会发展后，特别是我国提倡全民健身的运动理念，再加上市场经济制度下人们"自我造血"意识的萌生，使得学校也可以采取一些市场方式获得收入，用以弥补体育经费的不足。

高校体育经费的收入渠道有很多，其中，主要包括事业拨款、学校筹措、社会集资和自行创收等几个方面。

1. 事业拨款

从教育行政部门按学生人数下拨的教育事业经费中用于体育的比例部分，就是所谓的事业拨款。这一来源是高校体育经费中最主要的部分。事业拨款的用途主要有三个方面：第一，维持高校体育工作正常开展的体育维持费；第二，用于购置大型体育设备所用的体育设备费；第三，高校体育场馆建设专项经费等。

2. 学校筹措

学校筹措是指高校内部在创收、校办产业等方面的收入。这部分资金的用途主要是体育教师的奖励经费、课时酬金补贴等。

3. 社会集资

学校或体育教学部（室）通过举办重大比赛、参加重大比赛以及体育场馆建设等向社会各界募集得到的赞助费，就是所谓的社会集资。

4. 自行创收

由体育教学部（室）通过合法的手段向师生和社会人员提供有偿服务而获得的收入，就是所谓的自行创收。

（三）体育经费的支出

在体育教学中，需要投入经费的方面有很多，其中较为重要的有以下几个方面：

（1）日常费用：主要用于课外群体活动、运动队训练与比赛、图书资料的添置、正常体育教学的维持、场地器材的维护等。

（2）器材设备费用：主要用于购置一些大型的器材设备。

（3）专项建设费用：主要用于体育场馆的建设。

（4）办公费用：主要用于体育教学管理机构的日常办公。

（5）其他费用：用于高校体育教师和行政后勤人员的酬金补贴和后勤经费。

三、体育经费管理的内容

（一）体育活动经费管理

管理体育活动经费的主要目的是通过丰富多彩的体育活动的开展，使学生的身体锻炼得到保证。体育管理者要遵循群体活动经费的使用规律，把每一分钱都用在学生的身上。高校体育活动经费主要涉及以下几个方面，因此，经费管理也应从这几个方面入手。

1. 校内各项竞赛

学校每开展一项体育比赛，都会涉及许多具体方面的费用，比如，最主要的几个方面有组织编排费、裁判劳务费、添置器材、奖品费等，缺少任何一项都有可能会对竞赛的顺利进行产生影响。

（1）组织编排费

负责编排的教师组织制定竞赛规程、召集有关人员开会布置工作、培训裁判（理论学习与实习）、编排竞赛日程、准备裁判器材、安排裁判和比赛队、准备奖品等各种竞赛事项所得的报酬，就是所谓的组织编排费。

（2）裁判劳务费

裁判劳务费要以各校自己制定的标准为依据来确定，而且要注意教师和学生是有所区别的。教师可以折算成课时，或用其他方式计算，应以培养学生的组织裁判能力为主，以适当的经济补贴为辅。

（3）添置器材费

通常情况下，添置器材的费用会在年度体育器材预算中体现出来，如出现事先无法预料的事情，需要临时添置，要动用机动费用。

（4）奖品费

高校体育竞赛奖品费与职业体育竞赛是有一定差别的，具体来说，高校体育竞赛奖品以鼓励学生为主、经济奖励为辅；集体荣誉为先，个人荣誉在后。因此，在分配奖励时，要重集体轻个人，注重集体名次的奖励，个人名次以发荣誉证书为主，也可以发少量奖金。

2. 学生体育协会活动

高校体育协会活动是通过学校的扶持、体育教师的指导、学生的积极参与进行的。高校体育协会活动是凭借学生缴纳的入会费维持运作的，该组织的很多费用都是从入会费中进行开支。但是，学生缴纳的费用是很少的，不足以支撑活动的开展，因此，就需要在学校经费预算方面得到支持。在活动中，需要开支的费用主要包括以下几个方面：

（1）教师指导费

体育教师对学生单项体育协会进行科学的指导，是该项活动能否长期稳定开展下去的关键。因此，必须对教师指导设置专门的酬费或者将其计入第二课堂课酬中。

（2）添置器材费

通常情况下，学生单项体育协会活动所使用的器材都是与体育课堂教学器材共用的。但是，对于一些较为特殊的单项体育协会来说，这是远远不够的，如成立拳击、划艇、棋牌等体育课难以开设的协会，就需要专门添置器材，因此，需要将这笔费用列入学校经费预算中。

（3）外出比赛费用

单项学生体育协会成立的主要目的是使在校广大学生的兴趣得到满足，能够广泛开展校际体育交流等。但是，如果外出进行比赛，就会有一些费用开支，如比较重要的有交通费、餐务费等。这些支出靠学生缴纳的费用是远远不够的，因此，需要列入年度预算中。

（4）内部比赛费用

学生单项体育协会除了平时自己组织练习外，还可以开展协会内部的竞赛活动，开展活动就需要增加一些奖励费用。因此，要保证比赛的顺利进行，就需要将这部分费用列入学校预算中。

3. 组织学生体育郊游

随着体育课程改革的不断进步，体育课程的开展已经不仅仅局限于校内了。校外（社会、野外）活动逐渐成为了体育课程结构的一部分，这不仅使体育教学的领域得到了进一步的扩展，还增加了经费开支。要使这项活动有计划地进行，就需要有充足的资金支持，比较重要的费用包括交通费、门票费、餐务费、体育器材费等。

（二）体育器材经费管理

体育器材可以分为不同的种类，比较常见的有大型的固定资产和小型的消耗品。其中，大型器材通常不会经常购置，只有小型消耗品需要每年添置。加强对各项体育经费的管理，将体育器材的使用效率处理好，使体育器材的成本得到有效降低，从而使体育器材经费发挥高效率的作用。通常情况下，对体育器材经费的管理主要从以下几个方面入手：

1. 科学制定采购器材预算

学校对体育器材的采购预算主要包括以下几个方面：

（1）每年体育器材消耗费用的预算：一般来说，学校每年体育器材的消耗费用一般都是固定的，如篮球、排球、足球、羽毛球等，每年在球和球拍的使用上消耗比较大。这些是每年采购预算的必列项目。

（2）第二年增减项目的器材费用的预算：学校第二年增减项目器材费用一般是应对改革需求和特殊情况对器材购置进行调整而准备的。

（3）体育教师工作服采购费用的预算：这项费用由于数额不多，因此常常被忽视。首先应说明的一点是，这是对体育教师工作的尊重和支持，当然在实际采购中需要根据学校的具体情况实施。这部分采购费用可以由校方负责，也可以通过以体育教师的特殊补贴的方式进行。但不管选择哪种形式，这部分资金都必须要纳入年度采购的预算项目内。

（4）机动费用的预算：由于学校每年的器材采购经费都会有一定的增减，因此，留有一部分机动费以备不时之需是十分必要的。

2. 提高采购行为的规范化

每年高校体育器材的采购是一笔不小的开支，采购的质量和渠道对高校有限的体育经费发挥的作用会产生非常重要的影响。鉴于此，要将这些经济交往中的不正常行为杜绝掉，买到物美价廉的产品，提高采购透明度，提高采购行为的规范性。

3.最大限度减耗增效

为了降低采购体育器材的经费，要充分发挥体育器材的作用，把其损耗降到最低。但不可否认的是，只要器材使用就肯定会有损耗，因此，这就要求在管理方面加大力度，建立、健全的体育器材管理制度，规范器材管理，使损失尽可能减少，同时，还要使学校体育器材采购的开支进一步减少。

（三）体育场馆经费管理

1.体育场馆经费的分类

（1）按性质分类：可将体育场馆的经费支出分为营业成本和期间经费两大类。学校体育场馆的期间经费主要包括管理经费、财务经费和营业经费（日常支出及损耗）。

（2）按项目分类：可以将体育场馆开展各项专业业务活动及辅助活动产生的实际支出分为以下几种，即工资（雇佣管理人员产生的经费）、公务费、设备购置费和维修费等。

（3）按时间分类：可将体育场馆的经费支出分为三种，即体育场馆为取得营业收入直接发生的直接经费；有助于当期营业收入的实现或为数细微、不值得在各期间分摊的期间经费；效用在一个会计期间以上的跨期经费。

2.体育场馆经费的监控管理

为了能将运行体育场馆的经费落到实处，必须有专人对资金的使用和流动方向进行严密的监管。尽管监管可能会让执行人产生不被信任的感觉，但从制度上来说监管仍然是必要的，其根本目的在于保证体育场馆的各方面正常运行，因此就要求这种监管要系统全面、精打细算、勤俭节约。具体来说，体育场馆经费的监控管理主要包括以下两个方面。

（1）出纳员的监控管理：出纳员是对体育场馆的经费开支进行控制管理的一个重要岗位。在实际的工作中，出纳员除了要严格遵守相关的财会法规外，还要遵守各场馆的经费支出细则，严格审核支出凭证是否与会计部门制定的内容相符、是否与会计部门制定的金额相符、是否与领款人的印鉴相符，如有疑问应先查询，确认后方可支付。

（2）经费开支的监控管理：根据本校体育场馆的运营情况制订月计划、季度计划或年度计划，制定体育场馆经费开支标准。

3.体育场馆的收入核算

（1）单体项目营业收入核算：单体项目是指独立经营的单个项目，如健身房、台球厅、篮球馆等。每日、每班营业结束时，收款员填写营业报表，最终完成当天、当班的营业收入核算。

（2）营业收入结构核算：营业收入结构核算是指在一定时期（月、季、年）内单项收入或分类收入占分类或部门营业收入的比率。在单体项目和分类项目营业收入及部门收入核算的基础上进行分类、汇总，最终完成部门营业收入结构核算。

（3）营业收入季节比率核算：营业收入季节比率核算是指体育经营项目的月、季营业收入占全年总收入的比率。该核算方法便于分析各个体育健身项目业务经营的季节变化，为体育场馆的计划编制、工作安排、客源市场开发和客源组织提供参考依据。

4. 体育场馆的利润核算

体育场馆在一定期间内各体育经营项目的收入与各项费用支出相抵后形成的经营成果即为利润。

（四）体育竞赛经费管理

高校体育代表队进行校外大型比赛的经费开支，就是所谓的高校体育竞赛经费。高校体育竞赛经费可以采用专款专用的模式，也可把经费细分。这些竞赛往往会对整个学校的荣誉产生较大的影响，因此，一定要加强这方面的管理力度。具体来说，高校体育竞赛经费主要包括以下几个方面的内容，因此，也要从以下几个方面入手进行体育竞赛经费的管理。

1. 教练员训练课酬

教练员训练课酬与其他公共课有一定的差异性，究其原因，主要是竞赛需要教练员全身心地投入，而且还要以每个成员的实际情况为主要依据，随时对训练计划进行适当的调整。比如，不光要抓运动员的训练、抓文化学习，还要抓思想作风、抓生活、抓招生（体育特长生）。外出比赛还需要联系交通车，比赛回来后要解决运动员的洗澡、吃饭、住宿问题，还要随时掌握竞争对手的情况等，这些需要耗费很大的精力。因此，为了让教练员集中精力将训练和竞赛搞好，高校应该在这方面有一定的倾斜政策。

2. 运动员训练补助

体育竞赛经费的一项主要开支就是运动员的训练补助。运动员的训练与学生体育协会的活动是有一定差别的，他们是为学校争得荣誉，训练需要消耗体力，要有营养补充；而学生体育协会的学生是不需要这笔费用的。要以运动员的等级、贡献的大小、技术水平的高度等要素来决定这些补助的多少。

3. 训练竞赛器材费用

训练竞赛的进行需要配备专门的体育器材，体育器材要与实战要求相近，在规格方面，可以高于实战的规格，但不能比实战规格低。究其原因，主要是体育器材的质量和档次会对比赛产生直接的影响。

4. 运动员比赛服装费用

通常情况下，要求运动员的比赛服装每年在大赛前添置一套，配置两短一长一双鞋，也可以根据本校情况和需要增加相应的配置。这方面的经费要根据市场价格来确定，并且要求服装要与竞赛规则相符，同时还要具有实用、美观、耐久等特性。

5. 校外竞赛费用

校代表队在校外竞赛时，距离的远近往往在很大程度上决定着花费的多少。一般来说，距离近时需要交通车，距离远时需要交通费，甚至还需要住宿费、餐务费等。这些都需要在年度预算中列出。

6. 比赛奖励

校代表队在正式比赛中取得好成绩，理应进行奖励。奖励不仅能够使运动员的士气得到有效的鼓舞，同时，还能够利用奖励作为招生的有利条件，将高水平运动队员吸引到本校就读，这对体育人才的引进也是非常有利的。

一般情况下，是要按照级别、名次进行奖励的。不同级别的比赛及获取不同的名次，获得的奖励也是不同的。通常来说，省一级比赛取得前六名就应有奖励。这些也都需要一定的经费支持。除此之外，奖励也是学校代表队可持续发展的一项重要措施。

7. 外出招体育特长生经费

高校为了发展体育教育，往往会外出招收体育特长生，这项工作也需要一定的经费支出。它需要长期的礼尚往来、情报沟通。除了一般的工作关系外，要想招到较为满意的优秀体育人才，还要与人才进行一定的感情交流，这些都需要经费。通常情况下，外出招收体育特长生需要的经费支出主要包括差旅费、交际费、电话费等几个方面。

（五）体育教研经费管理

高校体育教学的科学化管理离不开科学的理论指导，因此，在高校体育教学资源的管理实践中，需要一定的科学理论做指导。因此，科研经费是高校体育教学财力资源管理的一个重要内容。

现阶段，高校体育教研经费主要包括以下几个方面内容，而管理也应从以下几个方面入手：

1. 科研成果鉴定费用

在体育科研项目中，为了鉴定科研成果，必须邀请有关专家来做评估和调研。因此，也应该将这一项费用列入年度经费预算中。

2. 科学研讨交流费用

体育教师进行体育科学研究要发表论文，发表论文就可能被邀请参加各级体育科研论文报告会，因此，这就成为了每年的年度经费预算中不可缺少的一个重要部分。

3. 考察、观摩学习费用

要想促进本校体育资源管理的科学化，必须解放思想、善于学习，重视对其他学校和国家先进管理经验的学习与引进。因此，每年的体育经费预算中就需要列出外出考察的费用。外出考察、观摩和学习，能使教师充分理解上级的指示，通观全局，找到适合本校的改革方案，可促进本校的体育教学及其管理活动的不断完善和科学化发展。

第五章　现代体育教学活动管理研究

体育教学活动是开展的体育教育教学重要和有效途径，因此对体育教学活动的管理是高校体育教学管理的重要内容之一。本章主要针对体育课堂教学管理、体育活动管理、体育训练与竞赛管理进行详细分析，旨在为科学组织体育教学活动、顺利实现体育教学目标、丰富学生体育学习内容和业余体育活动内容提供理论指导。

第一节　现代体育课堂教学管理

课堂是进行体育教学的主要场所，也是学生获得知识的重要途径。高校学生学到的大部分体育理论知识和进行的实践活动都是通过体育课堂教学得到和参与的。加强体育课堂教学的管理，对整个学校体育教学及学生自身的发展具有重要意义。

一、体育课堂教学管理概述

（一）体育课堂教学目的

当前，我国各级、各类教学的主要目的和根本目的是促进学生的身心健康、全面发展，在这种教学总目标的指导下，我国学校体育教学的课堂教学目的主要包括以下几个方面：

（1）使学生掌握体育文化、体育理论知识和体育运动技术、技能。

（2）提高学生的健康素质和活动能力。

（3）培养学生对体育活动的兴趣。

（4）培养学生的终身体育意识。

在体育教学实践中，要达到上述目的，需要从以下几个方面入手：

（1）要形成正确的体育教学思想。由于现代社会的发展速度非常快，体育也渐渐变为娱乐和消遣活动，因此，要树立以增强学生体质、培养学生的体育意识，掌握科学锻炼的手段和方法，帮助学生养成自觉锻炼的习惯，使学生树立"终身体育"思想观念，从而对其身心全面发展起到积极的促进作用。

（2）在体育教学工作中，要对体育的多功能目标进行强化，从多个方面将体育教育的功能充分体现出来。

（3）要构建科学的体育教学评价体系。作为体育教学中的重要组成部分，教学评价对整个教学活动起着一定的导向作用。要将体育教学的结果评价和过程评价有机结合起来，对整个评价体系进行改进，这对体育教学目的的实现是较为有利的。

（二）体育课堂管理内涵

纵观国内外对于课堂管理的研究，众多学者的侧重点不一，但都强调课堂的管理应包括以下两种取向：

（1）强调对学生的监督和控制，即强调学生必须在课堂教学中遵守纪律和规范。重点在于控制与维持。

（2）强调对学生的引导和激励，即强调学生在课堂教学过程中的主体性，强调学生的积极、主动参与，重点在于激励与促进。因此，可以认为，体育课堂的管理是指通过采取适宜的方式与策略，有效调控体育课堂中诸因素，以师生的互动为中介，以学生的自我控制为基本目的，最终促进体育课堂教学活动的顺利开展的过程。

（三）体育课堂教学管理要求

1. 树立正确的教学思想

在体育课堂教学管理过程中，教师要树立符合社会发展规律、符合体育发展和认识规律、对体育教学有指导意义的思想。

随着现代社会的不断发展，体育渐渐成为娱乐和消遣活动，人们终身锻炼的需求日渐强烈，终将成为人们的基本需求。因而运用科学的方法以多种手段进行锻炼，是学生有效地增强体质的必然需要。因此，科学的体育教学目标和教学观就是要增强学生体质，培养学生的体育意识，使学生掌握科学锻炼的手段和方法，帮助学生养成自觉锻炼的习惯，使其树立"终身体育"思想观念，促进学生身心健康的全面发展。

2. 突出体育教学管理特色

当前，经过一段时间的发展，我国的体育教学管理水平取得了很大的进步，并且已有一些体育教学管理的特色确定下来，这主要以以下几个方面得到体现：

（1）体现在指导思想管理方面，主要是指把育体与育心、社会需求与学生需求、校内体育教育与社会终身体育有机结合起来。

（2）体现在教学内容管理方面，主要是指将民族性与国际性、健身性与文化性、实践性与知识性、统一性与灵活性有机结合起来。

（3）体现在教学的宏观控制方面，主要是指将行政管理与业务督导、统一要求与分类指导有机结合起来。

（4）体现在体育教学评价方面，主要是指把基本评价与专题、特色评价有机结合起来。

（5）体现在教学过程管理方面，主要是指将教师主导作用与学生主体作用、以理施教与以情导教、教学的实效性与多样化、严厉的课堂纪律与活泼的教学气氛、激发学生兴趣与培养刻苦精神有机结合起来。

3. 强化体育的多功能目标

现阶段，强化体育的多功能目标是体育教学的客观要求，是体育教学科学化管理的必要条件。要实现这一目标，应做到以下几点：

（1）切实依托体育教材开展体育教学，在体育教学实践中，学校体育课教材内容的选择，既要考虑生物性价值，又要考虑教育性功能，将科学性和实效性相结合。教师要将身体锻炼知识、运动技能和手段的掌握、健康水平评价、运动技术原理等合理地融合在教学过程之中，使之有机结合起来，适应体育与健康教育相结合的发展趋势。

（2）体育教师应敢于突破传统模式的束缚，善于运用多种方法来发挥学生的主体作用，实现"快乐式"体育教学与"磨难式"体育教学的有机结合。

（3）体育教师在上课期间要注意传授知识，使学生掌握技能，从而培养学生的健身意识，为学生介绍自我锻炼的方法；课后要注意引导学生自主或有组织地进行锻炼，使学生逐步实现健身意识、锻炼手段和方法等分类目标。

4. 提高体育教学质量和效果

在体育教学中，加强体育教学管理主要是为了提高教学的质量和效果，而加强体育教学的管理，不仅需要落实到整个体育教学活动过程中，同时还要在高校教学管理的所有环节中得到有效的落实。除此之外，在体育教学过程中还应将体育教师的管理主体作用充分发挥出来，并将其他的教学因素控制好，从而使体育教学活动顺利进行。

5. 构建科学的教学评价体系

教学评价是体育教学中的重要组成部分，对整个教学活动起着一定的导向作用。科学的体育教学评价的构建应从以下几个方面着手：

（1）科学的教学评价必须应有效指导体育教学活动。

（2）科学的体育教学评价既要客观地评价体育教学的结果，又不能忽视整个体育教学过程。

（3）体育教学评价要反映学生在学习过程中提高的幅度和可能产生的深远影响，纠正以体能来反映体质状况，以技能来反映教学效果的以偏概全的评价方法。

（4）结合体育教学的结果评价和过程评价，改进整个评价体系，有利于实现体育教学的目的。

6.加强体育教学管理的科学性和专业性

体育教学活动包含的内容非常多，且非常复杂，同时还具有很强的专业性。鉴于此，体育教师在教学的过程中，要对体育教学的机制进行准确把握，并进行渗透化管理，同时还要对管理的效果进行定期或不定期的检查，从而建立科学、有效的体育教学管理机制。

二、体育课堂教学管理的原则

（一）主体性原则

体育课堂教学管理的主体性原则主要是指在体育课堂教学中，要始终坚持"以学生为主体"。学生是体育教学活动的主体，也是课堂教学的主体；教师在体育教学活动中处于主导地位，起指导作用。教师应根据学生的主体需求和特点来合理安排教学活动。具体来说，在以学生为主体的高校体育教学中，课堂教学应包括三方面的内涵：首先，从师生地位角色来理解，学生是体育课堂教学的主体，教师为主导，"教"应为学生的"学"服务；其次，教学活动要围绕学生展开，也就是说课堂中学生活动要占大部分时间；最后，在课堂教学中，教师应该采用启发式、发现式教学方式，以激发学生的主动性与创造性。

在体育教学中，体育教师应引导学生积极、主动地学习，充分发挥学生的积极主动性、自主性和创造性，从而提高教学的质量和效果。教师贯彻和遵循发挥学生主体性原则，需要注意以下几点要求：

（1）树立学生主体观和以学生为宗旨的教育观，以引导为主。树立为学生的"学"而教的理念，更好地为学生服务。

（2）制订完善的体育教学方案，提高学生参与教学活动的积极性，在教学过程中应做到学、练、问三者的结合，将学习与创新相结合。

（3）引导学生学会学习，使学生学会自我解决问题的方法。为学生提高自己发现问题和解决问题的能力提供一定的帮助。

（4）因材施教，在体育教学中教师应充分考虑学生的个体差异，对不同的学生采取不同的教学方法，在统一发展的基础上促进学生特长的发展。

（二）全面发展原则

全面发展原则是指通过课堂教学使学生的身心都得到全面的发展。在高校体育教学实践中，体育教师不仅要帮助学生掌握运动技能，发展学生身体素质和增进学生体质健康，而且还要促进学生的健康心理发展与完善其人格品质，更要重视学生德、美、智素质的培养。通过对学生全面素质的培养提高学生的社会适应能力。

在体育课堂教学实践中，贯彻全面发展性原则，就要求体育教师的课堂教学活动做到以下几个方面：

（1）教学内容选择上，体育教师要充分发挥积极能动性和创新精神，挖掘运动项目给学生带来的心理、社会价值。

（2）教学设计过程中，不仅要让学生掌握好运动技术，还要培养学生心理品质和社会适应能力，比如可以通过设计不同起跑点来培养学生自信心，通过团队合作来培养学生与他人很好地相处的能力等。

（3）教学评价方面，教师和学生要在教学过程中共同成长，体育教师不能单一地从体育运动技能方面去考评学生成绩，而应该从教师和学生身心发展的多维度去评价"教师的教"与"学生的学"的质量。

（4）重视教学创新。体育教师要将学生自身的能动性和创新精神充分发挥出来，对运动项目给学生带来的心理、社会价值进行积极的挖掘，如长跑既可作为提高学生心肺功能的项目，又可以作为锻炼学生意志的手段。

（三）兴趣先导原则

让学生得到快乐的同时又能学到体育文化知识和运动技能，并养成良好的自我体育锻炼的习惯，这对于提高学生主动学习体育的兴趣是很有帮助的。需要强调的是，由于体育教学不只是为满足学生兴趣而开展的，因此，在培养学生体育兴趣的过程中，要能使学生形成更高层次的兴趣。兴趣是学生学习的最根本动力。教师在体育课堂教学过程中要善于培养学生学习体育的兴趣，让学生愉快地学习，使学生的运动技能在兴趣活动中得到强化。在学到体育文化知识和运动技能的同时，也能养成良好的自我体育锻炼的习惯，这便是兴趣先导原则的主要思想。

在培养学生体育兴趣的过程中，兴趣先导需要体育教师根据学生不同阶段、水平的兴趣特点进行教学设计，目的在于培养学生的体育兴趣与运动技能，使学生形成更高层次的兴趣，因为体育教学不只是为满足学生兴趣而开展的。如果学生学习体育的兴趣只停留在低级阶段，那么过了一定时间之后，这种兴趣将逐渐消失，这就难以促进教学质量的提高。因此，在培养学生的体育学习兴趣时，体育教师应注意以下几点：

（1）广泛了解学生的体育兴趣，并针对学生个体的不同兴趣来选择和安排多样化的教学。

（2）设计能提高学生学习兴趣的教学方案，以引导学生的学习兴趣朝着正确的方向发展，在教学中要善于捕捉时机，因势利导，积极强化学生的兴趣。

（3）从学生的未来发展方面，重视学生更高层次兴趣的培养，并结合学生兴趣开展体育教学活动。

（四）循序渐进原则

所谓的循序渐进原则是指在体育教学中，教师要根据学生的年龄和性别特征，合理地选择教学的内容、手段与方法，并遵循系统性和连贯性原则，使学生按照客观规律，在牢固掌握知识、技术、技能的基础上逐步提高自己的技能。

体育教学的客观规律决定了在体育教学中，教师的教学设计和教学活动开展必须遵循循序渐进原则。循序渐进是巩固提高的基础。具体来说，体育教师在教学中，要根据学生的年龄和性别特征，合理地选择教学的内容、手段与方法，并要遵循系统性和连贯性原则，使学生按照客观规律，在牢固掌握知识、技术、技能的基础上逐步提高学生的运动技能。

循序渐进原则要求教师在体育课堂教学中做到以下几点：

（1）在安排教学内容时，体育教师既要考虑该运动项目技能形成的顺序，由易到难、由简到繁地进行设计，又要考虑项目之间的关系，使前一个项目的学习有利于后一个项目的学习，要帮助学生循序渐进地学习。

（2）在体育教学中，体育教师在交替安排负荷不同的体育课时，要注意保持一定的节奏。后一次课的生理负荷应安排在上一次课后的超量恢复水平上，而且生理负荷总的来说是呈逐步提高的趋势的。在体育课堂教学过程中，安排学生生理负荷一般要采取波浪式的、有节奏的方式逐步提高，待学生的身体完全适应某一运动负荷后再逐步提高。就体育教学的某一个阶段或时期来说，教师进行体育教学，应有节奏地交替安排负荷不同的体育课。

（3）在体育课堂教学过程中，对学生难以掌握的技能，教师教学安排的时间应该相对多一些，待初步形成动作的动力定型后再进行下一步的教学。

（4）为了完善体育课堂教学、促进学生运动水平和技能的有序和持续发展，体育教师要提高自身素质，特别是运动心理和运动生理等素质，这是非常重要的。良好的教学素质是教师施教的基本前提和重要基础，因为教师只有具备了良好的素质，才能了解学生身心发展规律和特点，了解各项教材的系统性及它们之间的相互关系，才能优化体育课堂教学过程和效果。

（五）因材施教原则

新的课程标准要求教育以人为本。因此，体育教学课堂管理也应该以人为本，体育教学对象是人，而不是标准件，人是有思想的、有情感的，思想和情感是非常复杂的，高校学生之间必然存在着个体差异。高校学生之间的差异性要求教师在组织教学时既要面向全体学生，统一要求，又要根据学生身体素质、基础条件等差异进行区别对待，做到因材施教。

在体育教学中，教师要真正做到根据实际情况，因人、因地实施教学，必须做好以下教学工作：

（1）要深入了解学生对体育的认识，并以学生的兴趣爱好、体育基础、健康状况、身体发展等方面为主要依据，将其共同点和差异所在找出来，从而更好地贯彻区别对待、因材施教的基本原则。

（2）教师要重视每一名学生运动、技能水平的发展和提高。在制订体育教学计划和确定体育教学目标和要求时，应确保其切合学生的实际情况。例如，对于身体条件好且有体育特长的学生，要努力创造条件，对其提出相对较高的要求；而对于体质弱、基础差的学生，应适当降低要求，辅助他们，力争使他们在原有基础上有所提高，为全体学生的共同提高起到积极的促进作用。

三、体育教学文件的管理

体育教学文件是指国家的教育方针，包括上级部门颁发的各种有关教学法令、条例、规定、指示、规划、制度和体育教学大纲，同时，学校体育教学的工作计划、教学进度安排、单元教学工作计划和教案等也属于这一范围。体育教学文件在体育教学中也有非常重要的作用，它对体育教学活动具有重要的指导作用，因此，加强体育教学文件的管理能够使教学活动顺利开展。

当前体育教学文件的管理需要遵循一定的步骤，具体如下：

（一）分析教学客观实际

教学文件对体育教学起着方向的指导作用，体育教学管理应符合教学实际，因此对于教学文件的内容要进行合理的选取与参考。在体育教学管理中，第一个步骤就是学习研讨，具体的操作程序是：提出教学文件管理的指导性意见，组织学习研讨。对体育教学文件进行管理的主体是体育机构和体育教研室。

体育教学文件管理过程中，在制定具体的教学文件前，要求体育机构和体育教研室（组）必须按照上级主管部门对本校体育教学活动的有关要求，对体育教学文件的制定方向给予指导性意见。换句话说，就是要在体育教学文件当中将教学的指导思想、任务、质量和时间等充分体现出来。另外，体育机构和体育教研室（组）还应组织学校的体育教师对教学计划进行仔细的分析和研究。特别应对教学大纲进行仔细的研讨，这样能够通过将学生的实际情况和相关制度的要求相结合，从而保证制定出的体育教学文件与本校校情相符合。

（二）制定体育教学文件

制定体育教学文件是体育教学文件管理的第二个步骤。具体来说，这一步骤是在高校相关部门和人员在进行仔细的研讨之后，可以对教学文件做具体的规划。

在制定教学文件的过程中，教育机构或教学主管部门需要印制一份统一的教学计划表格，这样不仅能够使制定过程更加规范，同时，对于制定后检查工作的开展也是较为有利的。

一般来说，在初步完成教学文件的制定后，学校应组织具体部门集体讨论与审议、协调与调整教学计划中场地、器材的安排和各年级教材出现时间的顺序等。在计划文件制定完成后，学校相关部门还要进行审核和批准程序，从而使教学文件具有可行性和科学性并使其顺利实施得到保证。

（三）教学文件的实施与调整

待体育教学文件审核批准通过后，就需要实施教学文件并对其进行适当的调整，这是体育教学文件管理的第三个步骤。

在实施体育教学文件的过程中，体育教学工作者必须严格规范实施过程，不能随意变动，相关部门要对文件落实情况进行必要的检查。假如发生特殊情况阻碍教学计划的正常实施，可向教研室（组）申述。有关领导应考虑具体情况，对教学文件进行及时的调整，从而使教学实际的需求得到满足。

（四）教学文件的分类与整理

体育教学文件的分类、整理是对高校体育课堂教学文件的后续管理，其具体的操作内容是将各类教学文件进行分类、整理，并存档保管，以备日后的查询、参考与研究。

四、体育教学的教务管理

体育教学的教务管理主要是由学校的教务部门统一实施的，这一管理过程需要体育教研室的主动配合。一般来说，体育教学教务管理的步骤主要包括以下几个方面：

（一）编班

编班在体育教学中具有重要地位，它是教学管理的重要内容之一。在具体编班的过程中，应与每名同学的具体实际相结合，同时要注意以下两点：

首先，我国学校主要采用混合编班的形式。在混合编班的过程中，学校应尽最大可能地安排好各班体育基础好与差的学生和男女学生的比例，从而使学生共同发展得到保证。

其次，编班过程中要重视不同学生的合理搭配，从而使体育教学活动的顺利开展得到保证。

（二）安排课表

在安排体育课表时，为了保证课表的可行性和合理性，需要注意以下几个方面：

（1）体育教学是以肢体活动为主要内容的教学活动，需要学生在活动中保持高度的注意力。因此，在安排体育课的课表时，要求学校最好将体育课安排在上午的第三节和下午。

（2）同一个班每周的各次体育课之间的间隔时间应保持在合理的范围之内。

（3）如果教学的进度相同或者内容一致，可将不同的班级统一起来上课，但是，要对教学的人数进行有效的控制。

（4）要有效地布置和使用器材，使用过程中还要重视器材的保养。

（三）课堂教学控制

体育课堂教学活动的顺利开展是体育教学目标实现的重要前提，也是完成整个体育教学计划的重要基础。因此，体育教学工作者，尤其是体育教师，要对课堂教学的控制方面引起高度重视。

对于课堂教学的控制应以学生的健康发展为中心指导思想，并充分考虑体育客观教学环境与条件。例如，体育课堂教学文件的制定对体育教学实践起着积极的导向作用，而在体育教学的实践过程中，已经制定完成的教学计划常常会和教学的实际情况产生矛盾，这就要求体育教师在教学过程中要发现上述问题并及时控制体育课堂教学中产生的各种矛盾，以保证体育课堂教学活动的顺利开展。

管理学认为，在管理系统中，控制的职能发挥是以一定的机构为基础的，但在高校体育课堂教学的控制过程中，控制机构往往并不是单独成立的，而是和体育教学部、教研组、器材室等组织机构是同一个。因此，往往就会导致一个组织机构担任多种职能，这会在一定程度上阻碍体育课堂教学的控制职能的发挥。因此，一定要职责明确、责任到人，重点将体育教师的管理和控制职能发挥出来，以实现对体育课堂教学的有效控制。

五、体育课堂教学过程管理

（一）课前备课管理

备课管理是体育课堂管理的重要内容，体育教师进行教学，必须要备课。因而，管理者要对教师的备课提出具体要求，如教案规范、详略程度等。另外，学校相关方面的管理者要定期或不定期地对体育教师的教案进行评比，或者可以组织一定的集体备课活动来提高教师的备课规范性。

1. 体育教师的备课管理

体育教师在备课时，要做好以下工作：

（1）仔细钻研教材。教材是体育教师上课的主要依据。因此，体育教师要善于钻研教材，根据体育教学目标及各单元、本节课的具体教学目标来领会教学的基本要求，把握教材的体系范围与深度。在此基础上，研究多项教材的重点与难点，以及其前后之间的联系，做好总结工作。

（2）深入了解学生。体育课堂教学的目的是促进学生身体素质的发展。要想实现这一目的，体育课堂教学活动就必须切合学生的实际。因而，体育教师要全面了解学生的知识基础、身体健康状况、认知能力、运动能力水平，以及学习态度、兴趣需求及个性特征。

（3）合理组织教法。教学方法是体育教师完成课堂教学任务的重要途径，在体育课堂教学过程中，体育教师要根据教材性质、教学任务的要求，以及学生的情况、场地器材的条件，确定体育教学活动的类型和结构，并据此来选择和设计合理的课堂教学方法。

（4）认真编写教案。教案，也就是课时计划，是教师进行课堂教学的直接依据。教师在编写教案时，为了保证教案的质量和可行性，需要对以下几个方面引起重视：首先，应根据教学大纲的要求和学校的有关规定进行编写，应根据学生的实际情况，如体育基础、体育骨干、伤病情况等进行备课，同时要考虑到场地、器材的实际情况等，并如实详细记录；其次，编写教案要规范，备课的详略程度应当合理；最后，备课文字要精练、准确，教法要运用正确。

（5）充分准备场地、器材。场地和器材是辅助完成体育教学的必要物质条件，也是上好体育课的物质保证。在体育课教学前，教师要自己或组织学生准备好场地、器材，并合理规划场地和布置器材。

2. 学校教学管理者的备课管理监督

（1）对教师备课提出具体要求，如教案规范、详略程度等。

（2）定期或不定期地对体育教师的教案进行评比，或者可以组织一定的集体备课活动来提高教师的备课规范性。

（二）课堂教学管理

体育课堂教学的上课管理同样需要从体育教师和体育教学管理者两个方面入手，以保证体育课堂教学的顺利进行。

1. 体育教师的上课管理

在体育课堂教学中，教师既是体育课的教学者，又是管理者，因而教师的上课管理直接决定体育课的质量。体育课堂教学以集中学生教学为主要方式，很多学生都是在体育教师的组织安排下进行传授和学习的，因而对教学课的组织管理有一定的要求。通常教师对体育课的管理主要包括课堂常规的建立、课的合理分组、场地器材的运用、安全措施的运用、做好思想政治工作、调度和运动密度强度的掌握、教学方法手段的运用、调动学生积极性，以及教师本人和学生的服装要求等。

具体来说，为保障课堂质量、教学课的组织与实施，在体育课堂教学中，体育教师应做好以下工作：

（1）明确教学目的。体育教学目的既是课堂教学的出发点，又是教学活动的最终归宿，因而体育教师必须明确教学目的，同时也要使学生对教学目的有一定的了解，以便使教学活动能有序展开。

（2）科学选择教学内容。教学内容是课堂教学的载体，也是圆满完成教学任务的重要保障。正确的教学内容，应该体现出科学性与思想性的统一。

（3）正确选择教学方法。体育教学应遵循学生认知和身心发展的基本规律。一般来说，教师的课堂教学要以启发式教学为主，教学方式应该具有灵活性，可以充分调动学生学习的积极性，将传授知识与发展智力、教书与育人、统一要求与因材施教结合起来。

（4）严密组织课堂教学。课堂教学就是要实现"教"与"学"的密切配合，因此，教学活动要结构紧凑，科学地分配时间，以提高教学效率和优化教学效果。

2.学校教学管理者的上课管理支持

上课是教师教学和学生接受知识的最为重要的形式，高校管理者应给予体育教师一定的支持，从而帮助体育教师顺利地完成上课管理。

（1）高校相关部门要对体育课的教学给予与其他文化课程一样的关心与支持，并提出相关的要求。

（2）高校相关部门及领导应积极、主动地深入课堂，对体育教师的教学情况进行充分的了解，使对体育课的检查与督导力度进一步加大，同时，应积极组织一定的示范课、公开课、研究课等多种课型，并对其进行积极的探讨。

（3）高校要尽最大可能地为体育课提供必要的条件，为体育教师及时解决教学过程中产生的各种问题提供相应的帮助，从而为体育教师创造良好的教学环境，促进其教学水平的提高。

（三）课后教学管理

首先，按时下课，在教学课结束后，体育教师应做好本次课的总结工作（体育实践课中要帮助学生做好整理工作），让学生展开讨论。根据学生的意见和建议，有针对性地安排好下一次课。

其次，组织学生收回器材、整理场地，在整理体育器材的过程中，应分门别类地放置器材。例如，金属的和非金属的分开放；常用的和不常用的分开放；大型器材和小型器材分开放；篮球、排球、足球、铅球等要上架；服装、小件器材要入柜；羽毛球拍、网球拍等要悬挂整齐，所有在教学过程中使用过的体育器材都要当面检验，做到如数、完整、完好。

（四）教学考核管理

教学质量的提高与加强体育教学考核有着不可分割的重要联系。高校体育课成绩的考核管理主要包括以下两个方面：

1.体育教师对体育课成绩考核的管理

高校体育教师对学生体育课成绩考核的管理工作主要包括以下三个方面的内容：第一，体育教师应以学校和体育教研室及有关机构的要求为主要依据，认真组织体育课成绩考核计划的实施。第二，体育教师应对成绩考核的办法与标准进行熟练掌握，公平、公正、合理地开展学生的实际测评。第三，在体育课成绩考核结束后，体育教师应尽快做好学生成绩的登记工作，并按规定程序将成绩上报给学校的教研室及相关部门。

2. 体育教研室（组）对体育课成绩考核的管理

高校体育教研室（组）对学生体育课成绩考核的管理以体育教学大纲和教学计划的相关规定为主要依据，结合学生的实际情况而进行。具体来说，其内容主要包括以下几个方面：

（1）对体育课成绩考核的项目、内容、评分标准、计分方法和评定总成绩时各种内容所占的比例等进行组织讨论并负责制定工作。

（2）对体育教师进行检查和监督，要求体育教师必须正确地对待考核工作，将合理的、科学的评分标准与方法制定出来，将评定尺度统一起来，将体育课成绩的考核认认真真地完成。

（3）对各班体育课成绩登记表进行积极的审核，尽快报送教务部门，及时建立学生的成绩档案。

（4）根据学校有关规定，审核并组织体育成绩不及格的学生进行补考。

（五）意外伤害事故管理

身体实践在体育教学中占有很大比例，在体育教学中难免会遇到意外事故，因此，做好学生的意外伤害事故管理很有必要。

1. 体育教师的课堂事故管理

（1）合理组织教学过程，尽量避免学生发生意外伤害事故。

（2）轻伤者应及时送往医务室进行治疗，在课堂教学中受重伤的或危及生命的应立即转送医院进行抢救。

（3）发生重大的意外伤害事故时，应立即通知家长、学校领导和当地派出所或有关部门。

（4）对于意外伤害事故，教师应详细汇报伤害事故发生的时间、地点、原因、后果与处理措施等具体情况，必要时保留人证和物证。

2. 学校的体育教学事故预防及处理

（1）学校要根据国家和教育部门规定，确保教育教学训练的设施、设备符合安全标准。

（2）学校要监督教师履行职责，根据实际情况采取必要措施。

（3）学校要根据学生的具体情况，建立、健全各项管理和保护学生安全的规章制度，活动场所和设施应当符合安全标准。

（4）学校应做好教学活动安全的检查工作，将危险因素尽早消除。

第二节　现代课外体育活动管理

一、课外体育活动的概述

（一）课外体育活动的概念

课外体育活动是指课前、课间和课后在校内进行的，以全体学生为对象，以促进学生的生长发育、增进学生健康、满足广大学生多种身心需求为目的的体育锻炼活动。

课外体育活动的主要目的是促进学生的全面发展，具体来说，是促进学生身体、心理和社会适应能力的和谐发展，主要内容是各类保健操、健身活动。

（二）课外体育活动的特点

1. 多向性特点

课堂体育活动的目的任务具有多向性。学生要通过体育课外活动完成学校体育的任务，达到学校体育的目的。不同学生参加体育锻炼的目的不同，如有些学生是为了促进身体健康，有些则是为了提高技能水平，还有的可能只是为了通过考试等，这些导致课外活动的目的任务具有多向性的特点。因此，学校通常通过建立一系列的规章制度，采取相应的措施，使每一名高校学生都能积极参与各种各样的体育课外活动，进而促进他们身心的健康发展。

2. 多样性特点

体育内容丰富、形式多样，因此课外体育活动也具有内容丰富和形式多样的特点。体育课外活动的内容在依据学校统一计划安排外，还应充分考虑学生的兴趣和积极性。目前，有很多适合时代潮流，同时又迎合了学生锻炼和参与兴趣的新兴体育运动项目出现，这些运动形式和内容正在积极开展并在学生中推广。

3. 灵活性特点

体育课外活动的灵活性具体是指课外活动组织形式应该是灵活多变的。体育课外活动的性质决定了其形式的灵活性。学生之间存在个体差异，如年龄、性别、爱好、身体素质、运动基础等的差异，要想统一开展活动是不切实际的。因此，需要采用灵活多样的组织运动形式来满足学生的不同需求。

二、课外体育活动的管理准备

（一）制订活动计划

1. 全校性体育活动计划

全校性体育活动计划在制订前，应由体育教研室或体育教研组总结过去经验，广泛听取意见，然后申请学校主管领导批准。全校性体育活动计划制订要以学年或学期为单位，主要内容包括体育课外活动的指导思想与目标，早操、课间操、大课间活动、年级活动、班级活动和体育俱乐部的具体活动形式、内容及管理等。

2. 年级体育活动计划

年级体育活动计划的制订要根据学校体育课外活动计划以及本年级学生身心发展的特点、体育基础、运动水平等，合理安排适合学生特点的体育课外活动。

3. 班级体育活动计划

班级体育活动计划应在班主任、体育教师的指导下，由班级体育委员在征求全班同学的意见和建议后进行制订，计划内容应包括活动的目标、内容和形式，活动的时间、场地、器材等。

4. 俱乐部体育活动计划

俱乐部活动计划应由专人负责，如负责活动指导的教师。由于俱乐部承担着多种任务，俱乐部活动计划相对复杂些，需要管理者做到统筹兼顾。

5. 小团体及个人体育活动计划

小团体活动计划自由度高，因此在制订活动计划时比较困难，尤其是针对一些不稳定的团体组织，更不可能制定出详细、可靠的计划。因此，活动计划仅供方向上的参考，在具体体育活动过程中应灵活处理。

（二）建立管理规范

根据学校体育课外活动的计划，由主管校长带头，召集相关部门将体育活动管理制度纳入学校作息时间内进行规范管理，同时建立与之配套的工作规范。

（三）明确管理职责

1. 校领导的管理职责

鼓舞学生积极投身锻炼，同时可以主动参与活动，亲力亲为，到活动场地参与活动，亲身体验、了解体育课外活动的开展情况，以发现和解决问题。

2. 体育教师的管理职责

体育教师应组织安排全校展操、课间操、大课间活动等的内容，并协助班主任组织好所带年级的活动等。

3. 学生干部的管理职责

在体育课外活动管理中，学生干部起着重要的组织管理和带头作用。因此，学生干部应以身作则，组织并带动全体学生积极、主动地参与课外体育活动。

三、课外体育活动内容的管理

课外体育活动的内容主要包括早操、课间操、班级体育锻炼、体育节、节假日体育等，因此，学校课余体育训练管理主要是对上述体育活动内容的管理，具体如下：

（一）早操、课间操

对学生的课间操、早操的管理与组织应依照学校的实际情况而定。具体来说，主要包括以下几方面的管理工作：

（1）项目管理。在课间操、早操的项目内容的确定上，学校可运用统一安排和自选相结合的方法进行管理。

（2）器材管理。在课间操、早操的场地、器材的安排上，学校可运用集体与分散相结合的方法进行管理。

（3）人员管理。现阶段，学校主要是运用学生干部、班主任、体育教师相配合的方法进行管理。在管理上，班主任、任课教师应密切配合，要注重发挥学生干部的作用；要做好课间操、体操的宣传教育工作，帮助学生充分认识到"两操"的重要作用，并使其成为一种学生的自觉行为。

（4）活动效果管理。为了提高课间操、早操的活动效果，可运用平时考勤与抽查评比相结合的方法进行管理。另外，还可借助会操表演、运动会等方式来提高课间操、早操的管理质量。

（二）个人体育活动

个人体育活动是指学生个体，根据自己的兴趣、爱好、需求，按体育锻炼的方法要求，自觉、自愿地选择相应的体育活动项目，在课外单独进行的体育锻炼活动。

针对学生的个人体育活动，体育教师应尽可能地配合学生，通过指导、咨询、协调等形式介入其中，鼓励、启发学生有计划地进行体育锻炼，并使其能持之以恒。此外，体育教师应耐心引导、启发学生根据班级课外体育活动计划，结合个人的实际，有针对性地做出具体的体育活动计划安排。

（三）班级体育活动

班级体育活动是以班级为单位分成若干小组的方式来进行的，这些小组在班干部和小组长的带领下开展具体的体育训练活动。由于班级体育锻炼在时间、内容、组织和生理负荷等方面都提出了许多要求，所以，学校在进行班级体育活动的管理时，在活动内容的选择上，可将训练与体育课教学内容结合起来，以"标准"为中心选择具体的项目开展训练。

教师应对班级体育活动的管理非常重视，管理过程中应注意对总体性和宏观性的把握，并注意发挥学生干部的作用。

学生干部应在班主任、体育教师的指导下，班级体育委员在征求全班同学的意见和建议后制订活动计划，组织落实班级体育活动。总之，要营造一个良性的体育活动关系与氛围。

（四）年级课外体育活动

年级课外体育活动计划通常是由体育教研室或体育教研组的负责整个年级体育教学的教师和年级主任或组长协同完成的，适合规模较大、学生较多的学校。

学校年级课外体育活动的管理，要充分考虑学校课外体育活动的计划以及本年级学生身心发展、体育基础、运动水平等特点，以保证年级课外体育活动的组织和实施适合本年级学生的特点和需求，科学开展。

年级体育课外活动的实施方案应由年级体育教师会同年级主任和各班班主任协商编制后进行实施。

（五）体育俱乐部活动

校园内的体育俱乐部活动是最近几年非常流行的体育课外活动组织形式。学生可根据自己的体育特长、兴趣爱好自愿加入组织。目前，我国学校体育俱乐部的形式主要分为单项俱乐部和综合俱乐部两种类型。

体育俱乐部通常是高校根据自己的场地设备、师资力量、体育传统优势等因素筹建的。体育俱乐部活动的管理应由专门负责人负责，根据学校体育工作的总体规划和课外体育活动计划确立活动目标、运营方式、人员安排等。同时，体育俱乐部也应做好经费筹措、场地器材设备的合理配置等工作，运营经费以学生会费和社会赞助为主。

（六）校园体育活动

校园体育活动主要包括学校结合本校的实际情况所开展的"体育节"的相关体育活动。常见的体育节有体育专题报告、体育讲座、体育知识竞赛、体育表演、运动会、体育游戏等。它主要包括校园"体育周"和校园"体育日"（健康日）两种形式，具体如下：

（1）校园"体育周"。学校集中利用一周时间，对学生进行课余体育训练，或组织各种宣传教育、锻炼、运动会等的活动。活动期间，学校可成立临时性指挥机构进行组织与管理，在管理过程中，要注意获得各有关方面的支持与配合，并做好充分预备与准备工作。体育周结束后，学校相关部门应注意做好后续管理工作。

（2）校园"体育日"。一般会占用一天或半天的时间，通常会与有意义的节日或体育形势（重大的国际、国内的体育活动）相结合。体育日期间学校可组织学生参与专题性的体育主题活动，开展体育教育和锻炼。在管理过程中，既可以组织全校性的活动，又可根据年级、班组灵活地组织各种体育活动。

通常全校性课外活动的实施首先要征求各方面意见后汇报给主管校长，经批准后方可实施。

第三节　现代体育训练与竞赛管理

一、课余体育训练管理

课余体育训练是为竞技体育培养后备人才的一种体育教育过程，目的是发展具有体育特长的学生的体能和身心素质，提高他们某项运动的技术水平，主要在课余时间安排训练。

（一）课余体育训练目标

（1）提高学生对体育的认识，使其掌握一些专项与非专项技、战术和知识。

（2）促进学生身体的正常发育，发挥学生各系统器官的功能，发展学生体能。

（3）培养学生良好的体育道德作风和顽强的意志品质，为其进一步的专项运动训练打下身体、心理、技术、战术和思想品质的良好基础。

（4）课余体育训练要使学生运动员在各类比赛中发挥自己的最高运动水平，取得优异成绩。

（5）为提高学生运动技术水平、输送优秀体育后备人才和群众性体育骨干服务。

（二）课余体育训练特点

（1）广泛性。只要愿意参加的学生，都能加入训练队伍，因此，课余体育训练具有广泛的学生基础。

（2）基础性。学生是课余体育训练的对象，他们处于生长发育的重要时期，在年龄特征、课余训练及运动训练方面有着一定的规律。根据这些规律，课余体育训练中应该将抓好学生体育素质和基本技术的训练。

（3）强负荷。在学校体育课余训练中，为了达到预定的训练效果，往往会增加训练负荷量，但这种大负荷是要从学生的实际情况出发，符合学生运动员机体和心理适应能力的。

（4）多样性。课余体育训练项目较多，训练内容具有多样性的特点。这是因为参加训练的学生具体情况不同，为了使每个训练者获得理想的训练效果，必须根据实际情况采用多样化的训练手段。

（5）业余性。学生的主要任务是学习，运动训练只是辅助。学生体育训练主要在课余进行，多在课后、节假日开展。

（三）课余体育训练形式

1.学校运动队

学校运动队是课余体育训练最富有活力的训练组织，主要有班级代表队、年级代表队及学校代表队等。

学校运动队代表本校参加各种级别的比赛，提高自身运动水平。而在训练队的学生与本校其他学生又是紧密联系的，这使得学校运动队在普及体育运动的知识和技术、促进学校课外体育活动开展等方面能够起到积极作用。学校运动队特别注重选材，主要挑选学习努力、身体健康，并且有一定运动专长或具有培养条件的学生。

（1）运动队训练管理的主要内容

运动训练的业务管理、运动员的文化学习管理等，都是训练管理的主要内容。

①运动训练的业务管理：对运动训练过程进行专项技术能力形式的过程管理，就是所谓的运动训练的业务管理。具体来说，其管理的步骤主要包括以下几个方面：第

一，规划目标及建立模型。第二，选拔运动员。第三，制订运动队的各类训练计划。第四，有效地组织和控制训练的过程。

②运动员的文化学习管理：文化教育与提高现代型优秀运动队伍素质、促进科学训练、提高运动技术水平和培养运动人才有着非常密切的关系，特别是现代社会，科技技术的进步对运动员的文化有着更高的要求。另外运动队文化学习的组织安排也使运动队的管理质量得到了有效的提高。具体来说，对运动队的文化管理的要求主要包括以下几个方面：第一，建立一个健全的文化学习管理机构。第二，建立一套包括考勤、学籍管理、奖惩等内容的完整的管理制度，并严格要求学生执行，坚决落实。第三，采取灵活多样的方式，对学习时间进行科学的安排，并将其落实好。

（2）运动队训练管理的注意事项

①教练要尽可能地将运动员的主观能动性调动起来。

②要让运动员对教练员设计的训练计划中的每一环节的作用和意义有充分的了解和认识。

③在管理的过程中，教练要善于听取运动员的不同意见，根据他们的不同意见来使管理程序进一步完善，从而使他们自觉地、积极地执行训练计划，加快他们成才的进程。

④教练员还要善于创造训练气氛和环境，严格要求、严格训练。

2. 体育俱乐部

体育俱乐部是在新时代背景下产生的一种新的课余体育训练的组织形式。随着高校体育改革不断深入，课外体育活动越来越丰富多彩，为了满足学生的需求，高校组成了各种形式的体育俱乐部，其中一些体育俱乐部带有运动训练性质，于是成为新型的学校课余体育训练形式。

体育俱乐部组织形式是体育社会化和教体的结合，有一定的经济实体作为依托，训练条件有充分的保障。体育俱乐部的主要任务是培养大学生的体育兴趣和爱好，增强学生体质，使之养成终生体育锻炼的良好习惯，以及发现和培养体育人才。

（四）课余体育训练的管理体制

目前，我国的管理机制主要由以下几个部门组成：国家体育总局竞技体育司，省、市、自治区体育局运动训练处，单项运动协会，职业运动俱乐部。每一个部门都有自己的职能，具体如下：

（1）国家体育总局竞技体育司是我国运动会管理的重要机构。它的职责主要包括以下几个方面：第一，研究、拟订学校体育发展的总体规划；第二，研究和制定全国性学校体育赛事制度;第三,统筹协调重大国际、国内综合性学校运动会的组织与举办;第四,主办全国大学生运动会。

（2）各省、市、自治区体育局运动训练处是各省、市、自治区体育局的下属职能部门之一,这个部门的职责主要表现为:第一,落实国家体育方针政策;第二,做好地方学校课余体育训练的监督和评估;第三,举办省内的运动会等。

（3）单项运动协会的职责主要包括:第一,培养该项目的运动员;第二,做好该项目的训练与运动会;第三,促进该项目在社会上的普及。

（4）职业运动俱乐部的主要职责在于推动某个运动项目的发展。

（五）课余体育训练的管理过程

课余体育训练的管理过程涉及运动队的组建、训练计划的制订、训练内容的确定、训练方法的运用以及训练效果的评价等,具体过程如下:

1.组建校运动队

（1）确定训练项目

学校课余体育训练运动队组建,首先要确定训练项目,不然后续工作无法开展。从实际情况出发是确定训练项目要考虑的最重要问题。一般先集中精力从一两个项目开始训练,这是刚开始建立运动队的学校需要做的工作。而对运动队进行扩充和提高,则要以提高水平为基础,将实际情况作为根据。

（2）选拔运动员

在体育训练开始前,对运动员的选拔可参照竞技体育运动员选才的步骤,并按照运动项目的特点和要求来进行;要对部分学生进行各种能力与相关因素的测试,还要进行较长时间的考察。学校课余体育训练选拔运动员常用的测试指标包括身体形态指标、生理机能指标、身体素质指标。此外,还要考虑遗传、年龄、运动素质发展的敏感期、心理素质、家庭社会等因素在过去和未来对学生的影响。

（3）选择指导教师

体育训练的指导教师可以由本校的体育教师担任指导教师或教练员,其他有体育专长的老师也在选择之列,有条件的学校可以聘请业余体校的教练或体育俱乐部的教练。由于学校课余体育训练的对象是学生,而学生不仅有自己的生物属性,而且还存在一定的社会属性,因此指导教师应具备一定的哲学、体育教育学、体育社会学等社会学科知识。

（4）建立规章制度

建立学校课余体育训练规章制度,要从学校教育规律和课余体育训练的特点出发。

一般来说，需要建立的规章制度主要有以下几种：

①训练制度：将每周、每次的训练时间和要求都进行规定，建立严格的训练作息制度。

②奖惩制度：根据学生的学习情况实施一些相应的应对措施，如对运动成绩和学习成绩均好的参训学生给予物质奖励或精神奖励；对于两门课程都不及格的学生运动员，停止其训练，补课考试及格后才能继续组织参加训练。

③比赛制度：主要包括对遵守纪律、服从裁判、尊重观众、团结一致、顽强拼搏、赛出风格、赛出水平等方面的具体要求。

④教练员责任制度：建立该制度能使教练员具有高度的责任感，要求教师对学生的训练、学习、生活、思想等方面全面负责，以保证训练工作的正常进行。

⑤学习检查制度：给每位参训学生建立训练档案（包括运动员档案卡和运动员登记表），并做好运动队的工作日记。关注学生的情绪变化和学习情况，保证参训学生始终保持良好的训练状态。

2. 制订训练计划

课余训练计划是课余体育训练顺利进行和训练效果得到提高的重要保证，学校课余体育训练计划类型及其内容如表 5-1 所示。

表 5-1　课余训练计划类型及内容

训练计划类型	训练计划内容
年度训练计划	①上一年度训练情况和本年度的训练目标 ②学生身体素质、技战术、心理训练及训练指标和要求 ③全年训练阶段划分，各时期训练比重与内容及负荷安排 ④全年比赛的时间安排 ⑤检查、评定训练效果的时间与方法等
阶段训练计划	①阶段训练内容 ②各阶段主要训练手段的选择和负荷量 ③各阶段训练过程，应切合学生实际
周训练计划	①周训练目标与要求 ②周训练次数与时间 ③每次训练课的内容和负荷、测验和比赛等
课时训练计划	①训练课的目标与要求 ②训练课的组织形式 ③训练课的内容与手段 ④训练课的时间与负荷安排等

3. 安排训练内容

（1）身体训练

通常情况下，可以将身体训练分为两种类型，一种是一般身体训练，另一种是专项身体训练，两种训练对身体各方面素质的提高都有很重要的作用。由于学生训练的水平有差异，因此，要分别对待不同水平的学生，初学者或者运动水平不高的学生要以一般训练为主，水平较高或参加了多年系统训练的学生，则以专项身体训练为主。

（2）技术训练

技术训练具体是指学习、掌握和提高运动技术的训练过程。技术是充分发挥运动员身体能力的条件，也是发挥战术作用的基础。只有掌握娴熟的技术，才能够取得优异的成绩。学校课余体育训练中，技术训练包括基本技术训练和高难技术训练两方面。基本技术是掌握高难技术的基础，因而在训练中不能忽视；高难技术是专项运动技术中难度较大、比较复杂和要求较高的一些动作。

（3）战术训练

战术训练的基础是一定的身体训练和技术训练。一般来说，可以将战术训练分为两个方面，即一般战术训练和专项战术训练。在高校体育训练中，战术训练以一般战术训练为主。战术训练以意识的培养为重点，因此，要指导学生，使其对运动项目的基本规则和战术的基本内容熟悉并能熟练掌握，为学生了解技术和战术变化的基本规律奠定一定的基础，使学生熟悉战术的变化，从而进一步提高其战术的运用能力。

（4）心理训练

心理训练是课余体育训练的重要内容之一，进行心理训练要考虑学生的不同年龄、性别、训练水平等实际情况，使学生的心理调控能力得到培养，提高其对复杂比赛环境的适应性，以取得优异的成绩。

（5）品德与作风训练

品德与作风是一个人综合素质的体现，课余体育训练的重要目标之一即将学生培养培养成一个全面的、完整的人，这就离不开品德与作风的训练。在课余体育训练过程中可以进行爱国主义和集体主义教育，培养高校学生良好的意志品质和团结协作精神，使其尊重同伴和对手，养成胜不骄、败不馁的体育道德风尚。

4. 选用训练方法

正确的训练方法是体育课余训练获得理想训练效果的重要保证。合理运用训练方法必须结合项目特点合理地安排负荷，在内容和形式的选择上做到与学生特点符合，同时也要明确训练目的与任务，及时纠正学生的错误动作。各种训练方法有自己的特点和作用，因而在应用时一定要从实际出发，做到具有灵活性和创新性。

5. 评价训练效果

对课余体育训练进行评价是课余体育训练管理的重要方面，有利于了解训练成绩和效果，总结经验和监控训练过程，能保证课余体育训练的科学性。训练效果的评价主要从身体素质水平、技战术训练水平、运动成绩和运动员输送率的评价方面得到体现。

（1）身体训练水平评价：对身体生长发育情况的衡量，其主要包括对身体形态、生理功能和身体素质等方面进行的评价。

（2）技战术训练水平评价：对学生的训练效果的衡量；运动成绩的评价要求尽量做到客观、公正。

（3）运动员输送率的评价：对管理者充分了解课余体育训练的效果是有一定帮助的。

二、课余体育竞赛管理

课余体育竞赛是指在课余时间进行的，以争取优胜为目的，在校内、外组织学生根据正规、简化的规则所进行的个人或集体的各种运动竞赛活动。

（一）课余体育竞赛目标

（1）提高学生的运动水平。

（2）培养学生良好的意志品质、配合意识，提高学生的社会适应能力。

（3）及时检查和了解学校体育活动的开展情况，加强教师和学生之间的交流。

（4）推动学校群众性体育运动的广泛开展。

（二）课余体育竞赛特点

（1）课余性。与课余体育训练相同，课余性也是课余体育竞赛的一大特点，同时也是课余体育竞赛与其他运动竞赛的区别之一。作为课余体育竞赛的对象的学生以学业为主，只有在完成学习任务的基础上才能进行课余体育竞赛，因此课余体育竞赛主要是在学生的课余时间或节假日进行的，体现出了课余性的特点。

（2）群众性。与专业竞赛不同，课余体育竞赛的目的主要是锻炼学生的身体，应该是面向全体学生的，因此，竞赛项目的设置、规则的制定要从全体学生出发。

（3）教育性。通过比赛，学生的团队精神和拼搏精神可以得到培养，在比赛中，学生也养成了遵守纪律的好习惯，有利于其良好品行的培养。

（4）多样性。课余体育竞赛的项目、组织形式、场地、器材和方法复杂，这都体现了其多样性的特点。课余体育竞赛要想吸引、鼓励更多的学生参与进来，就必须体现出多样性。

（三）课余体育免费形式

课余体育竞赛有校外竞赛和校内竞赛之分。其中，校外竞赛主要是校际交流竞赛，校内竞赛可分为综合性和单项竞赛。具体来说，高校课余体育竞赛的组织形式主要有以下几种：

（1）校际交流竞赛：多为单项交流赛，是为了加强学校之间的交流、宣传学校、提高学校的知名度。

（2）学校运动会：多个运动项目在同一时段进行，是学校规模最大的竞赛活动。目前，学校田径运动会，或篮球、排球、足球及田径等多个运动项目的综合运动会是最常见的形式。

（3）学校单项运动竞赛：只进行一个运动项目的竞赛，项目单一、工作简便、易于组织开展和管理。

（4）学校单项娱乐性竞赛：由师生自创、民间流传的以及学生喜闻乐见的体育竞赛，如踢毽子、跳绳等。此类竞赛对参与者的限制较少，可广泛开展。

（5）学校季节性单项竞赛：举办的以一些对季节要求很高的竞赛项目为主的体育竞赛，如冬季长跑等，易成为学校的传统竞赛项目。

（四）课余体育竞赛的管理过程

以高校运动会为例，对高校课余体育竞赛管理的整个过程具体如下：

1.设立竞赛组织

组建运动会组织机构是运动会组织管理工作的重要环节。各种运动会的组织机构一般采用委员会制。运动会的组织委员会是全面领导整个运动会组织工作的最高机构，它的机构编制、人数可根据本校运动会性质和规模来确定。

（1）竞赛组织委员会：通常由党、政、工、团、体育教研组（室）、总务处、学生会、医务人员等组成，全面负责竞赛工作，制订计划，审批相关文件。秘书组、宣传组、竞赛组和后勤组是常设立的办事机构。

（2）体育教研组（室）：负责各种球类比赛、操类比赛等，由班主任或年级主任统一安排，具体由体育教师分头组织进行。

（3）团、队、学生会：负责举办一些简单易行的群众性的比赛活动，如跳绳、拔河、踢毽子、登山、越野跑、接力跑等。

（4）班内组织：在班主任和班级体育委员的组织安排下进行小型、多样的比赛。

2. 确定竞赛方案

运动会组织方案大体包括以下内容：运动会的名称和目的任务、运动会的主办与承办单位、运动会的时间与地点、运动会的规模、运动会的组织机构、运动会的经费预算及运动会的工作步骤。

3. 制订竞赛计划

运动会的组织委员会根据运动会规程、组织方案和责任分工，拟定各职能部门的具体工作计划和有关行为规范，并经组委会讨论、审定通过后执行。

制订体育竞赛日程计划时，要考虑其群众性、可行性、常规性和简便性；充分考虑学生的特点和本校的实际情况；考虑学校教育计划、季节特点、节假日等因素，合理安排运动竞赛的时间和次数；校运会、学校体育传统项目等重点比赛应安排在比较固定的时间进行；以日期为依据来合理安排各赛事顺序，以方便督促、检查比赛。体育竞赛日程计划主要包括竞赛项目、竞赛时间、竞赛地点、参赛单位、参赛人数和主办单位等内容。

4. 制定竞赛规章制度

运动会规程是组织实施学生运动会的主要规章制度，也是本届（次）运动会活动组织管理的权威文件和指导文件。运动会规程的主要内容包括运动会的名称、时间、地点、参赛单位、项目、组别、参赛办法、比赛办法、仲裁委员会组成等。

5. 编制竞赛秩序册

运动会秩序册是运动会组织和实施的文字依据，它由运动会的管理竞赛部门负责编制，报组委会审定通过后在运动会举办之前提前下发。运动会秩序册后可附上学生、教练员、裁判员守则及各种评优条例等内容。

6. 确定竞赛方法

课余体育竞赛常用方法主要有以下四种：

（1）淘汰法：淘汰法是指在竞赛过程中逐步淘汰成绩差者，最后决出优胜者的方法。淘汰法的优点是比赛时间较短；缺点在于除第一名外，竞赛的真实水平难以通过名次反映出来，选手之间缺少相互学习的机会。对此，可用补赛法、种子法等方法，来弥补淘汰法的不足。

（2）循环法：循环法是指参赛者在竞赛中按照一定的次序相互轮流比赛，最后结合全部比赛的胜负决定名次的竞赛方法。常在一些集体项目的球类比赛和其他对抗性项目的比赛中采用。循环法包括单循环、双循环、分组循环三种形式。

①单循环。所有参加比赛的队之间均要轮流相遇一次，名次的决定以最后各队胜负场次的积分为根据。单循环的比赛形式能客观地反映出竞赛的真实水平。

②双循环。参赛运动队先后进行两次单循环的比赛方法。参赛队在比赛中均能相遇两次。名次按照最后各队在全部比赛中胜负场次积分的多少来排列，能使各队充分发挥水平，但赛期较长、耗时较多。

③分组循环。先把所有参赛队进行分组，然后在组内以单循环的形式进行比赛，将各小组的名次排出，然后根据名次进行重新分组。分组循环既能减少比赛的场次和缩短比赛的时间，又能客观地反映出各队的名次，因此经常被采用。

（3）顺序法：参赛者按一定的顺序表现成绩的比赛方法被称为顺序法。采用顺序法进行比赛的运动项目，其比赛成绩一般以客观标准进行决定，如时间、距离、重量、环数等。顺序法包括分组顺序法和不分组顺序法两种形式。分组顺序法可以根据组数多少采用预赛、复赛、决赛；不分组顺序法要求在同一比赛时间内不能有两人以上（含两人）进行比赛。

（4）轮换法：轮换法是指让参赛者在同一比赛时间内，按照一定的顺序（规定好的轮换顺序）依次进行不同项目的比赛方法。其优点是能够节省比赛时间。

7. 开幕式的组织管理

高校学校运动会开幕式的组织工作可由组委会任命3～5人分工合作，由组成的临时指挥小组具体负责。运动会的开幕式应既庄严隆重、热烈欢快，又紧凑精练、完满安全。

运动会的开幕式程序主要为：宣布开幕式开始，裁判员、学生入场，奏乐（国歌、会歌）升旗，领导人致开幕词，学生代表讲话（或宣誓），裁判员、学生退场，开幕式表演开始，宣布开幕式结束。

8. 竞赛活动管理

运动会期间要有指挥管理人员深入赛场进行第一线指挥管理，这也是比赛活动顺利进行的重要保证。对比赛活动实行全面、具体的组织、领导与管理。管理要准确、及时、果断，如果出现问题，要迅速召集现场办公会、仲裁委员会或组委会开展会议进行研究讨论。

9. 竞赛人员管理

运动会期间的人员管理，主要包括对裁判员、运动队（员）及观众的管理。

对裁判员的管理要求管理人员不仅要具有高尚的职业道德教育，做到公平、公正、公开，同时，也要求其杜绝不良裁判作风。

对参赛运动队（员）的管理尽量采取分级管理办法，提出统一要求和具体规定，并做好参赛队伍之间的协调工作；对各队之间出现的问题进行及时的处理。

对观众的管理，组委会应寻求防患于未然的、系统的预防治理方法，如当比赛激烈时，组委会对观众的管理不当很可能会造成运动会无法进行。因此，必须要制订相关的管理计划方案和做好具体措施。

10. 竞赛成绩与名次评定管理

正确地评定学生在课余体育竞赛中的成绩和名次，有利于学生准确地认识自己，使学生的运动技术水平得到提高，同时，也能促进学校群众性体育活动的开展。

在评定竞赛成绩与名次时，要根据实际情况，选用正确、合理的方法，并在遵守竞赛规程和规则规定的前提下进行，力求做到客观、准确。

11. 体育竞赛的后勤管理

良好的后勤管理能保证高校运动会的顺利进行，运动会的后勤管理工作包括认真检查运动会场地、设备和器材的布置与使用管理情况，落实学生、裁判员的用餐、沐浴、安全工作，监督运动会的预算执行情况、运动会的伤病防治和临场应急准备等。

12. 体育竞赛的后续管理

（1）为参赛队伍办理离开手续。

（2）借调人员返回原单位。

（3）汇编成绩。

（4）填报等级学生和破纪录成绩。

（5）做好财务决算。

（6）及时处理运动会的物资。

（7）举办评比表彰、鸣谢活动。

（8）做好工作总结。

（9）整理文档资料。

（10）评比表彰工作。对参与竞赛管理工作的单位和个人、支持与协助大会的单位和个人等进行表彰和表示感谢。

第六章　教学环境对体育教学管理的影响

第一节　学校大环境对体育教学环境的影响

一、教育先贤和学校校长对体育教学的示范和引领效应

通常情况下，学校教育改革过程中都会涌现出一批先驱者，我们称之为"教育先贤"。随着社会的不断变化与发展，教育先贤的教育思想与理念也会发生改变。可以说，教育先贤的思想与理念引领着学校的发展，是教育行业发展与改革的典范和榜样。

在体育教学的变革实践过程中，教育先贤始终起着重要的引导作用，是整个体育教学改革的中坚力量。例如，我国古代伟大的教育家孔子曾言道"有教无类"，古希腊的苏格拉底通过长期实践总结出了"问答法"，苏联著名的心理学家维果茨基提出了单元教学法，这些教育思想的出现，都对教学历史上的思想发展与变革起到了巨大的推动和引导作用，这体现了教育先贤在教学事业发展中的重要作用。

目前，一所学校的校长在学校教学环境中的影响和作用同样不容小觑。一定程度上来讲，一个"好校长"代表一所"好学校"，整个学校的发展离不开校长。校长既是学校发展的重要指引者与改革的实践者，又是学校中具有领导特性的教师。此外，学校师生的发展都会与校长的管理方式和教学方法有着直接关系。基于此，在优化与建设体育教学环境的过程中，校长是不容忽视的重要因素。一个优秀的校长首先应该具备先进的管理理念，掌握科学的教学方法。只有具备这两点重要能力，才可以打造出实力过硬、师生素质优良的学校。

通常情况下，我们所说的领导力不同于传统意义上的上级对下级的影响和权威，它是一种带动和引领示范的效应。这种具有带动效应的领导力是依靠日常建立起来的

良好关系进行维系的，需要日积月累才能形成。因此，在学校发展与变革当中，校长是重要的领导力。

在新的历史发展时期，校长更应该在引导学校改革与进步的过程中具备领导力。无论哪一个发展年代，都不能忽视校长的重要作用。农业时代，为了适应社会发展需求，校长就需要主动或被动地去实现变革和引领；工业时代，学校改革发展的重要组织领袖依然是校长；信息时代，校长更要有科学的发展眼光，时刻保持先进的教育理念，进行科学的管理，因此学校在发展变革中不能忽视校长的领导。总而言之，校长在学校变革中起到的作用是其他因素不能代替的力量，校长是带动学校发展的主要力量，关系着整个教育行业的发展。

二、教育理论的变革是体育教学环境建设的牵引力量

理论是实践的指导，学校的变化与发展始终离不开先进的教学思想和理论的指引。其中，理论的进步是人作为主体意识觉醒的最为重要的标志，在实践过程中，理论经过了人们的不断提炼和创造，是人类发展史中伟大的结晶。前辈们将一些科学理论运用到学校发展变革的实践过程中，学校随着教育理论的不断发展而实现变革与进步。从某种程度上来讲，教育先贤在学校变革过程中的作用和教育理论是一致的。教育先贤着重强调学校在改革实践中的反思过程，而教育理论始终体现的是先贤与教学的思想力量，但我们也应该认识到，教育理论不是完全来自学校变革过程。很多教育先贤的理论其实并没有经验基础，但是可以为学校在变革过程中提供经验借鉴与指导，从某些方面来改变和推动学校的发展与变革。历代发展出来的教学思想都是在当时的时代背景下产生的，在不同程度上影响着学校的发展水平。由于受理论指导的教学实践存在着滞后性，因此教学理论对学校变革的促进作用往往会向后推迟。

三、利益博弈是体育教学环境优化的触发力量

作为学校体系内的人，为了满足自身的利益与需求，如生存需求、发展需求、赢利需求等，会与其他人产生各种利益的冲突。在这种情况下，人与人之间利益的冲突与斗争就会成为促进个人不断发展的动力，与此同时，也是促进或阻碍学校发展变革的内部力量。学校自诞生之日起，就有不同的办学主体，具体包括国家和政府、行会、家庭、团体、个人等。其中，不同的办学主体有着不同的利益追求。

（一）教师的利益追求

教师作为一个个体进入学校，一般有着自己的利益追求。一般情况下，选择担任体育教师是他们个人的选择。他们认识到这一选择可以实现自己的人生目标，并能满足自己相应的物质与精神需求。在学校中，通过个人的努力可以帮助学生进步，同时学生的进步反过来亦可以促进体育教师个人的发展，实现共同进步。各个体育教师进入学校的动机不同，这也就决定着教师会有不同的教学计划，从而导致体育教师在教学过程中的具体表现也会有所不同。在这种情况下，出现了布鲁克林所说的平衡型教师、进步型教师、专业型教师、安全型教师、自由型教师等教师类型。同时，体育教师的动机不同也会导致教师之间产生利益冲突，这种冲突的形式以竞争为主，如教师之间的成绩竞争、待遇竞争、岗位竞争等。在这个竞争过程中，主导着学校发展方向的往往是竞争的优胜者，他们在发展过程中引领着学校的进步与发展，从而促进体育教学水平的整体提高。

（二）学生的利益追求

同时，学生及学生家长也是学校在发展过程中的利益参与者。跳出学校之外的学生与家长可以更加清晰地看出学校教育的差异性，但是大部分家长都希望可以向主流官方文化靠拢。这样的愿望诉求使得很多学生家长向着更加优质的学校和教育靠拢。学校为了获取既得利益，就会在发展与变革中不断改进自己的教学环境与教学水平，从而获得更多的生源来推动学校的运营与发展。在这个博弈过程中，学校会采用符合时代发展的教学计划，从而促进学校的进步。

从以上的陈述中我们不难看出，学校作为一种办学组织，它的运作与进步都来源于学校收益，并且只有当学校收益大于办学成本时，学校才有可能实现生存、发展与变革。对于个别教师而言，追求兴趣是支持和保证教学工作顺利的外部因素；个人价值观的重要性是指导和控制教师行为的内在因素。对教育决策者来说，决策者与教师的利益追求与价值偏好是影响学校管理决策与学校教学行为的根本因素，也是教育决策与学校变革的根本动力。对于学生及学生家长来说，利益追求是引领学校办学方向的一座灯塔，也是促进学校经济和社会效益最大化的牵引力量。学校这些利益要求的现实存在表明学校实际上"具有利益主体的多元性、利益实现过程的特殊性、利益体现的综合渗透性"。

第二节 社会大环境对普通高校体育教学环境的影响

学校作为一个负责的系统，具有一定的封闭性，不得不受社会系统因素的制约，这是永远不能回避的话题，因为系统是物质世界存在的基本方式。事实上，系统之间是存在着分水岭的，若干个社会系统构成了学校外系统，这些社会系统包含文化、经济、政治、教育等。这些外系统会对学校内系统产生一定的影响，也会对学校的管理体系、运行方式与校园建设产生一定的影响，甚至会导致学校课程发生变化等。体育教学作为学校教育的一个重要组成部分，自然也会受到学校外系统的影响。为此，我们进行了以下探索与研究。

一、社会经济环境对普通高校体育教学环境的影响

历史唯物主义认为，生产力是人们在生产实践过程中改造自然及获取物质生活资源的能力。生产力的发展推动着社会各子系统的发展，从根本上推动了学校的变革发展。生产力的发展是社会发展的根本物质力量，自然也是孕育、催生和促进学校发展变革的根本性社会动力。生产力的发展推动着学校形态的发展变化，生产力对学校发展的推动作用大致如下：

人类社会自诞生之初，就同时产生了教育现象。最早的教育其实属于自发、自然行为，只是随着经济的发展，慢慢出现了专门从事教育的机构或组织并形成了一定的规模。生产力是学校的产生与发展的重要基础条件，但并不是唯一条件。采集时代的生产力不发达，经济的低水平运作还没有使学校从教育生活中分离出来，一切都在混沌中不知而行，一切又都在人们的感觉中摸索而行。但此时系统内部因素的差异已经显现，年老而有经验的长者成为最初的专门教育者，并借助于仪式使这种教育逐渐制度化。生产力的发展水平直接影响学校发展变革的规模和速度。办学校需要有人力、物力作为保证。有多少学校、多少学生能够入学接受教育，只能根据客观的物质基础所能提供的条件来确定。经济是学校发展的晴雨表：当学校处于社会经济繁荣的发展时期时，便预示着它抓住了发展的良好机会；在经济衰退的低谷期，它又会经历严重的倒退。我们可以通过教育史进一步明了每一次学校教育的发展与衰退周期总是与经济的繁荣和萧条周期相一致。当今世界，不同国家之间生产力水平不同，他们对办学经费的投入也不同，因此学校发展变革的规模和速度也呈现出明显的差异。

学校培养教育人才的规格、方法、内容和结构的变革对生产力发展变革起着促进作用。学校培养什么样的人，直接受当前社会生产力水平的影响和制约，可以说"设立什么样的学校，开设什么样的专业，各级、各类学校间的比例如何，各个专业之间的比例如何，都要与一定的人才培养规格相配套，而这些最终都与生产力相匹配并受到生产力发展水平的制约"。

二、社会文化环境对普通高校体育教学环境的影响

文化的含义有两种，大致分为广义和狭义两个方面。社会文化属于狭义的文化，主要是指社会的精神文化，主要涉及价值取向、行为规范等，内容十分丰富。文化与学校关系密切，学校本身就是一个文化场所，它还担负着文化传递与发展创新的责任。文化的发展变革促进或制约着人类各个方面的活动，同样也对学校的发展变革起着促进或制约作用，这是学校发生发展变革的深层动因。不同的文化发展阶段产生相应的学校模式、教育模式。课程是教育或教育内容的主要表现形式。课程内容来源于学校文化，而学校必须对一定的社会文化进行选择之后才将其作为课程内容。学校教育的多种学科中的基础知识、技能，以及各种伦理道德规范、价值观等都是社会文化的体现。社会文化是学校教育课程内容的来源，因此，学校课程内容与层次结构必然会受到社会文化变迁的影响。文化与课程是紧密相连的，是课程形成和发展的条件。文化在一定程度上制约着课程的发展，同时也制约着人对课程的价值追求，进而影响课程的选择和实施；课程是对文化的表达与再现、传承和创造，每个特定的社会文化当中都有相适应的课程依存，体育课程同样也不例外。经过以上的论述，我们可以看出文化与课程是协同构成的。可以说，课程的改革、课程设计的动因催生了社会文化。

第三节 科技的发展对普通高校体育教学环境的影响

科学技术是生产力的重要要素之一，重点将科学技术这一概念从生产力中抽离出来进行分析，是因为科学技术在教育事业发展中具有极其重要的作用，能够集中体现学校创新的成果与社会的进步与发展。

科学技术对学校的影响，体现在以下几个方面：

一、科学技术是学校发展变革的动力

科学技术对学校的影响首先表现在发展变革的动力作用上。学校承担着人类社会的教育重任，其行业极具传统性。在历史上，某种学校形态一旦形成，往往几十年，甚至几百年都一脉相承，只有在一定外力的推动下，才会发生质的变化。科学技术作为活跃的革命性因素，其发展程度决定了现代社会中人们的知识水平和知识结构，同时也对学校的发展变革提出新的要求和条件。在现代社会，科学技术不断冲击着学校的习惯性领域，给学校在发展中带来了新与旧、先进与落后之间的矛盾，最终促成和实现了学校的发展与变革。

二、科学技术为学校发展提供动力支持，指明方向

具体来说，科学技术的发展对学校发展变革的动力作用主要表现在以下两个方面：

（一）科学技术的发展推动学校规模、结构、手段的变化

科学技术可以渗透到学校教育活动的所有环节中，为学校的发展变革提供各种必不可少的思想基础和技术条件。印刷术的发明使得书本特别是教科书成为教育的重要手段，在一定程度上加速了知识的传播，支撑起了当今社会普及性教育的庞大体系。但是，人们真正认识到科学技术的巨大生产力功能却是在工业革命之后。工业革命带来的巨大社会影响就是社会生产力出现了前所未有的飞跃发展，并极大地扩展了社会生产的领域范围，使人类社会的生产、管理、市场和消费领域都发生了深刻的变化，人们认识的广度和深度也由此得到了极大的扩展，科学技术的伟大力量也逐渐被人们感知，成为了第一生产力。

在工业时代和信息时代，技术革新日新月异地发展，通过教育变革来改进学校教育体制，扩大学校数量和规模，增加现代科学知识，成为历史的必然。同时，生产领域的技术变迁，不仅要求劳动者的教育水平和知识范畴不断提高和扩大，还对科学研究和探索也提出了迫切的要求，即对高层次的学校也提出了本质性的需求。于是，大学教育快速发展，并且有了明确的专业分工，分门别类的专业门类几乎涵盖了社会生产的各个领域。工业革命在带来城市化的同时，也带来了家庭结构的变化，一些妇女由家庭走向社会，其幼小的子女需要得到很好的看护，幼儿学校便应运而生。学校教育的内容变化，表现在古典人文学科的地位受到撼动，自然科学、现代外语和职业技术等教育内容不断增加。教学手段也由原来的书本纸张发展到黑板、粉笔、挂图、模

型、仪器、实验材料等教学工具，这使得教学质量和效率大大提高，为班级授课制的出现奠定了技术基础。自 19 世纪以来，电磁学和光学快速发展，特别是 20 世纪以后，电子技术飞跃发展，大量的新科技成果被逐步引入教育领域。这些现代化教学手段的出现和应用，为学校教育创造适宜的教学环境、增加有益的教学内容、加强教与学之间的信息交流、节省教学时间、加速教学进度、提高学校教育质量、扩大学校教育教学的规模以及加速学校教育的普及，提供了最有效的手段。如此一来，教学手段的现代化就为学校的发展开辟了新的发展方向，甚至改变了传统意义上的学校形态。

（二）科学技术推动了生产力大发展，还带来了科学理论的繁荣

通过发展科学技术，人们在科学理论方面创立和发展了许多新的知识和边缘学科。学校作为传承知识和发展知识的重要载体和场所，无论是在理论还是在知识方面，都要时刻与当前社会发展需求相结合，体现出科学技术的飞速发展，这也在一定程度上促使学校课程内容日益丰富。丰富的课程内容主要体现在两个方面：一是传播新兴的科学技术知识，二是承担着在作为方法的科学技术和作为人类生活与行动目的的价值之间建立平衡的任务。

第七章 我国高校体育教师职后教育的现状研究

在我国，高校体育教师的职后教育工作起步相对较晚，其发展历程主要是伴随着高校教师职后教育工作的发展而发展的，高校教师职后教育工作基本上都涉及了高校体育教师的职后教育。

中华人民共和国成立初期，高校体育教师的职后教育在高校教师职后教育中还没有引起人们足够的关注。究其原因，可以认为：在中华人民共和国成立初期，因缺乏大量高校体育教师，高校体育教学和体育学科发展还处于开创时期，当时能针对高校体育教师进行培养的机构很少，加之当时我国高等教育对高校体育教师的业务水平要求并不是特别高，所培养的高校体育教师除部分属于学历教育毕业调配到岗的，其他大多数高校体育教师都是临时培训或在高校以外工作的其他人员根据需要而调配到岗的。但是，作为高校教师成员之一的高校体育教师，其素质的提高始终受到国家的关注与重视。因此，自从中华人民共和国成立以来对高校教师的教育中都包含了很多对高校体育教师的职后教育，其中还专门出台了针对所有体育教师的政策法规，如1960年教育部、国家体委颁布的《关于全国体育学院、体育专科学校和高等师范学校体育系、科会议的报告》、1990年国务院颁布的《学校体育工作条例》和2005年教育部颁布的《关于进一步加强高等学校体育工作的意见》，都明确提出了体育教师要在职进修培训和提高体育教师队伍水平的要求等，在政策上有力地为高校体育教师的职后教育提供了坚实的保障。

纵览我国高校教师队伍建设发展的历程，从1953年我国高等教育部颁布的《高等学校教师进修暂行办法》，到1985年在原国家教委领导下构建起的三级高校教师培训网络组织体系，再到原国家教委分别在1996年与1997年分别颁布的《高等学校教师培训工作规程》和《高等学校教师岗前培训暂行细则》，尤其是在1998年8月29日，全国人民代表大会通过的《中华人民共和国高等教育法》，这一系列政策法规，都为高校体育教师队伍建设和高校体育教师职后教育提供了制度上的重要保障和政策上的强劲动力。

第一节　教师专业化概述

一、职业与专业

人是社会的人，个人之于社会相当于身体的细胞之于身体。为了生存和发展，大多数成年人都必须从事一定的职业，因为这是一种谋生的手段，同时也是一个社会人应承担的社会责任。《中国大百科全书》有言："职业是随着社会分工而出现的，并随着社会分工的稳定发展而构成人们赖以生存的不同的工作方式。"[①] 职业是一个历史范畴，它不是从来就有、亘古不变的，而是在人类历史进程中产生并随着社会分工和劳动分工的不断变化而变化的。自从人类社会出现分工以来，各种职业之间的高低尊卑之别就成为人类社会中的普遍现象。例如，欧洲中世纪大学分化出三种学科：神学、医学和法律。相应地在社会上出现了三种职业：牧师、医生和律师。这三种职业被认为是最古老的专业。随着工业革命及知识与科技的发展，社会分工日趋精密，各种新兴职业不断涌现，其中不少职业更能争取到专业的称谓。

专业一词从拉丁语演化而来，原意是公开地表达自己的观点或信仰。卡尔·桑德斯是较早系统地分析专业的社会学家，他认为，专业是指一群人在从事一种需要专门技术的职业，这种职业需要特殊的智力来培养和完成，其目的在于提供专门性的社会服务。日本学者石村善助认为，专业是指通过特殊的教育或训练掌握了已经证实的认识（科学或高深的知识），具有一定的基础理论的特殊技能，从而按照来自非特定的大多数公民自发表达出来的每个委托者的具体要求，从事具体的服务工作，借此为全社会利益效力的职业。[②] 社会学概念中的"专业"或称"专门职业"，是指一群人经过专门的教育或训练，具有较高深和独特的专门知识与技术，按照一定专业标准进行专门化的处理活动，从而解决人生和社会问题，促进社会进步并获得相应报酬和社会地位的专门职业。

众多学者通过对专业概念的描述，运用结构功能主义社会分析理论，将医生、律

---

① 中国大百科全书总编辑委员会《体育》编辑委员会，中国大百科全书出版社编辑部编．中国大百科全书 体育 [M]．北京：中国大百科全书出版社，1982．

② （日）筑波大学教育学研究会编．现代教育学基础 2 版 [M]．钟启泉，译．上海：上海教育出版社，2003．

师等社会公认的成熟的专业作为理想的模式，从中归纳出一系列的专业特质。例如，利伯曼的"专业"理想模型包含八个方面的内容："范围明确，垄断地从事于社会不可缺少的工作，运用高度的理智技术，需要长期的专业教育，从事着无论个人、集体均具有广泛的自律性职业，自律性范围内，直接担负作出判断、采取行为的责任，非盈利、以服务为动机形成了综合性的自治组织，拥有应用方式具体化了的理论纲领。"[①] 归结起来，一种职业能否被称为专业，至少应满足三个方面的要求：

（一）拥有一套专业知识和技能体系

专业知识是包括一系列专业理论与实践原则在内的知识系统，它需要经过不断地学习进修和反思性实践才能掌握，又因其具有深奥性和复杂性，故可以自成一个独特领域，形成"围内知识"，一般人或门外汉不能轻易获得。同时，每一个专业还必须有与其他专业相区别的专业要求，方能具有独立专业的资格。

（二）享有一种专业自主权

所谓专业自主权，是指专业成员不受专业外势力的控制与限定，有权作出"自主的"职业判断，如专业团体对专业人员的聘用、解职，与专业业务相关的权利不受专业外因素的控制。享有高度的自主权是专业的一个显著特征，也是专业实践和发展的内在要求。

（三）具有一种专业道德

专业道德是某一职业群体为更好地履行职业责任，满足社会需求，维护职业声誉而制定的自我约束的行为规范或伦理标准。基于专业对于社会的服务性质和专业人员对于社会的特殊价值，专业人员要具有很强的责任感和广泛的自律性。

二、教师专业性质的定位

近年来，国内外学者中一直存在对教师是不是专业人员的争论，有人认为教师是一个专业性较强的职业；有人认为教师只能算是"半专业"或"准专业"；更有甚者全盘否定了体育教师的专业性。事实上，这种争议本身并不构成一个争议问题，主要原因在于：

首先，从职业社会学来看，20世纪发生变革的一个显著特征是许多职业进入了"专业"的行列。因为各种职业的结构与性质均在不断的变化发展之中，要想了解一个职业是不是专业，就要看其是否符合专业的标准及其专业化的程度。如果我们严格地按

---

① （加）安·利伯曼. 教师学习与领导力 [M]. 彭静，黄璐译. 重庆：重庆大学出版社，2021.

照专业的标准去对各个职业逐一进行考察，基本上没有一个职业完全符合要求，只是各职业的专业化水平高低不同而已。在现代教育发展中，人们对教师劳动性质的认定正在悄悄地发生变化，人们开始将"教师职业"看作一种"专业"。"教师职业是一个形成中的专业"，教师提供的教育服务在现代社会中日趋重要，随着知识社会的到来，这种作用的重要性日益突出。教师专业对道德规范的要求一直非常强烈，尽管对教师应掌握哪些知识存有争议，但青少年的培养需要的是专业化的教师，各国都有专门的教育机构实施教师教育，教师专业训练的年限、程度日趋提高；教师任用资格与在职进修日益制度化、法制化；对教师拥有的专业自主权有适度的保证。教师的经济待遇和职业声望正在提高，过去并不被看好的教师职业这几年变得越来越"吃香"，出现了一个教师职位几十个人竞争的场面。

其次，从教师教育的历史变迁来看，我国的教师职业经历了"从兼职到专职，再到成为一种行业，逐步形成它的专业化特征"[①]的历史变化过程，教师培养机构也从无到有，并逐步完善。从本质上讲，教师教育是回应时代要求、提升教师质量的手段，其概念的确立也是体现教师专业性的前提条件。我国在 2001 年发布的《国务院关于基础教育改革与发展的决定》中第一次在政府文件中以"教师教育"代替了长期使用的"师范教育"概念。政府文件的话语转变必然会随之带来相应的观念更新和制度变革，教师的专业性质也得了看进一步确认。

最后，从教师专业固有的特性来看，教育教学活动是一个难度较大、关系复杂的专门培养人的活动，它不仅要求从业者具有远比一般人更为丰富的一般知识和学科知识，以此作为从业者实施教育教学的基础，而且更需要从业者掌握一般社会成员不需要或不必系统了解的教育教学知识、技能和教育教学规律。基于教师劳动对象的主体性和劳动过程的动态性，"学生的个体差异性和特殊性决定教师必须具有特殊的专业素质。学生的心理和行为是教师面临的最复杂的领域，认识人的本性、人的身体发展规律及心理的发展过程是教师从事教师职业的前提。加之，教师职业是在和学生的交往互动中存在和发展的，交往的双方都具有能动性、个别差异性，所以教师的职业实践永远处于生成性和暂时性的情景之中"。[②]总之，从职业特性和社会功能来看，教师职业理应属于专业。就其职业现状来讲，它是一个特殊的、并不断走向成熟和完善的专业。随着教师教育研究的深入，教师的专业性逐渐凸显，教师作为专业人员的概念，得到了广泛而普遍的支持。

---

① 朱小蔓. 论师范精神及其现代师范教育的专业化特征 [J]. 江苏高教，1998(1)：15-19.

② 周一贯. 语文教研案例论 [M]. 宁波：宁波出版社，2004.

三、教师专业化与教师专业发展

教师专业化的提出，从更深层的意义来说，是在工业社会向信息社会转换的背景下，对教师的功能性本质的重新发现。目前，教师专业化是世界各国教师教育发展的共同趋势，其概念的界定主要源于历史上对其他职业成为专业的过程的分析，它的基本含义可归结为教师从"普通人"变成"教育者"，并获得应有的专业地位的过程。然而，一种职业在专业化过程中提高专业地位和发展专业能力两个方面是相辅相成的。一方面，一种职业只有专业地位提高了，才能对专业知识和技能的发展提出要求并给予保障；另一方面，一种职业只有真正地拥有了独特的专业知识和技能，才能享有很高的专业地位。因此，教师职业如要追求专业地位，需要自发地完善自身的结构体系和提高本职业对社会的服务质量。实践证明，只有教师切实提高自己的教育教学水平、提升自己的专业知识，才有可能像其他专业一样赢得社会的尊重，使教师真正成为专业。基于这种认识，有学者把教师的专业成长理解为"教师专业发展"，认为在关注教师社会、经济地位的提高和争取资源与权利的分配的同时，更要强调教师个体的、内在的专业性的提高，关注教师如何形成自己的专业精神、知识、技能等。

目前，关于"教师专业化"与"教师专业发展"的概念界定众说纷纭，存在交叉和混乱的现象。从广义的角度来看，二者是相通的，都是指加强教师专业性的过程，"教师专业发展"是教师专业化不断深入发展的客观要求。但从狭义的角度来看，二者又存在区别，"教师专业化"是从教师职业或专业出发，趋向于专业制度的建设、外部社会环境的探讨，更多的是从社会学角度加以论证，强调教师群体、外在专业性的提升。从西方发达国家的实践经验来看，"教师专业化"表现出明显的动态性特征，一般被理解为"教师职业的专业化"，而"教师专业发展"更多的是从教育学维度加以界定的，追求教师个体的、内在的自主性发展。一般认为，专业道德是"教师专业化"的重要维度，也是"教师专业发展"的内在要求，无论是教师专业道德规范的建设，还是教师职业道德素养的提升，都是关乎教师专业成长的重要条件。因此，在本书中，对"体育教师专业化"与"体育教师专业发展"的概念不做严格的区分。

如前所述，教师职业是一门专业，教师是专业人员，此处不再赘述。体育教师是教师队伍中的一份子，理应属于专业人员。从根本上讲，体育教师职业具有专业性，主要体现在以下几个方面：（1）随着社会经济的快速发展，我国青少年学生的营养状况得到改善，体态发育水平也逐步提高，但他们的体能素质状况却呈下降趋势。因此，体育教师和体育教育教学工作的重要性日益突出。（2）教学知识方面，体育教师不仅需要掌握广博的科学文化知识来提高文化素养，更需要掌握系统的学科专业知识，坚实的教育专业知识。这些专业知识因一定的深奥性和复杂性而自成一家，所以它需要经过不断的学习进修和反思性实践才能掌握，当前我国的体育教师任用资格和体育教师在职进修与培训的制度化和法律化就是对此强有力的回应。（3）体育教师劳动的复杂性、示范性、协同性、风险性等特点决定其专业道德的特殊性，加之体育校本课程的科学性和多样性，体育教师对专业道德规范的要求一直非常强烈。（4）体育教师教育方面，从国内外有关体育教师教育的现状来看，体育教师与其他学科教师一样，被当作一种专业人员进行培养。因此，我们可以认为体育教师职业基本符合专业标准，应获得"专业"的称谓。

在充分肯定体育教师专业性的同时，我们还有必要解读这样一种尴尬境况。从来没有接受过体育教师教育的人同样可以当体育教师。与其他学科教师相比，体育教师具有可替代性，这不禁使人对体育教师的专业性产生怀疑。事实上，出现这种替代现象的原因有很多种，但主要根源在于人们长期遵循着"练而优则教"的传统，把"运动技术、技能"作为体育教师职业发展的基点，结果使得体育教育的技术性、生物性在某种程度上掩盖了体育课程应有的人文性，致使体育教师专业被替代有了可能。毋庸置疑，脱离和抛弃运动技术、技能传授的体育教学将成为"无源之水""无本之木"，但对于体育教师而言，专业的落脚点在于教师而不是运动员或教练员。就学科性质而言，体育教学与其他学科教学一样，都是以"育生"为核心的教育活动，"技艺性"仅仅是体育教学的外显特征而已。就专业的基本特征而言，体育教师将由技术体育型向以弘扬民族传统体育为精髓和以奥林匹克文化传播为中心的人文体育型转变，并朝着科技化、信息化、全球化、个性化和弘扬先进体育文化的方向发展。就专业教育的功能而言，体育教育全面着眼于提高学生的综合素质，既增强学生体质，又培养学生的体育文化素养，还培养学生健全的人格，实现学生个体知识、能力、道德及情感的和谐发展。由此可见，体育教师专业具有不可替代性，体育教育教学非一般人或门外汉所能胜任的。

综上所述，体育教师具有专业人员的基本特点，体育教学具有专业的基本属性。需要指出的是，体育教师和体育教学还具有"双专业性"，即体育教师对教育理论的深刻理解和对教学技能的娴熟运用。肯定了体育教师职业的专业性，把体育教师看作专业人员，对体育教师专业道德及其建设的研究才有了可能。

四、体育教师专业化的必要性

体育教师职业是社会发展到一定水平的产物，它的产生是学校体育制度化的标志之一。我国体育被纳入学校教育可以追溯到西周时期，但是在当时的历史条件下，不可能产生专职的体育教师，我国的体育教师职业是随着西方体育在国内的广泛传播而出现的。当前，基于时代的需求和体育教师自身的特点、兴趣、教学方式及个性化的问题情景，专业化成为了体育教师和体育教师教育发展的历史抉择。

一方面，体育教师专业化是深化学校体育改革和提高教育教学质量的需要。体育教师质量的高低，决定着学校体育质量的高低。国外近年来的几份调查报告表明，人力资源比物质资源在提高体育教育质量上更有效。影响高质量的体育教育的最重要因素是教师在没有充足的器械和设备时也可以实现体育教育。受教育者的需求是体育教师教育专业化的前提。在现代社会，科学技术和文化的高度发展要求教育更加专门化、系统化，各种类型、各种形式的体育教育形式应运而生，如何把无限丰富的知识有效地传授给受教育者、如何促进青少年的身心健康协调发展、如何使受教育者具有终身体育的意识和能力等问题就成为每一位体育教师需要解决的问题。这样，仅仅把教师作为一种职业，把教师教育作为一种职业定向或职业分配就已经远远不够了，这就需要进一步提高教师教育的质量。我国体育高等教育的发展速度加快，体育教师教育在质量上和数量上都有了较大的发展。如果说过去仅仅是为了满足基础教育对体育教师数量的需求，实现体育课由经过专业培养或培训的教师担任，而现在开始是满足基础教育以及高等教育对高素质体育教师的需求，实现学校体育质量的全面提高。体育教师专业化的时代已经来临。

另一方面，体育教师专业化是提高体育教师社会地位的有效途径。社会学理论认为，衡量一种职业的社会地位的主要因素是经济收入、职业声望和权力。也有学者认为：“体育教师的社会地位和社会印象与其社会作用不符的现状，是历史的习惯势力、体育教师队伍的不合理结构、其培养过程中的缺陷以及不合理的物质待遇等多方面的原因造成的。”① 目前，体育教师在实施新课程的过程中，无论是课程目标的管理、教学方法的运用，还是课程的评价，都呼吁体育教师享有专业自主权。一种职业在专业化过程中提高专业地位和发展专业能力两方面是相辅相成的。可见，如果从经济收入、

---

① 刘德佩.论我国中小学体育教师的社会作用及当前体育师资队伍发展中的主要问题[J].体育科学，1983(2)：7-14.

职业声望和权力三个方面入手来提高社会地位，体育教师只有通过专业化发展不断提高服务质量才能实现这个目标。

第二节　高校体育教师职后教育发展的保障与推动力

一、国家政策、法规和师资培训组织及机构体系的保障

20 世纪 80 年代初，我国高等教育为配合社会主义现代化建设新时期发展的需要，迎接世界新技术革命的挑战，开始组建一支"面向现代化、面向世界、面向未来"的高素质的高校师资队伍。教育部于 1980 年 7 月与 10 月分别颁布《全国重点高等学校接受进修教师工作暂行办法》和《关于加强高等师范学校师资队伍建设的意见》，以文件的形式提出了首先在全国重点高校开展以提高高校教师学术能力为目的的进修活动，对在职、在岗的老、中、青教师分别提出不同的进修要求。1983 年以后，各地高等学校配合人事制度的改革，逐步实现工作岗位的需求与教师聘用之间的"双向选择"。1984 年，教育部从高等师范教育开始，对全国中、青年高校教师开展了"助教进修班"形式的培训工作，较大幅度地提高了高校在职中青年教师的业务水平和思想素质。1985 年，根据《中共中央关于教育体制改革的决定》中关于高等教育改革的要求，教育部决定进一步加大高校教师的进修与培训力度，逐步建立起高校教师的进修培训制度，并下发了《关于建立高等学校师资交流中心的通知》（以下简称《通知》）（1985 年）。《通知》中决定，分别在北京师范大学和武汉大学建立两个全国性高等学校师资"培训交流中心"。1986 年，原国家教委发布的《关于建立高等师范学校师资培训中心和培训点的通知》中规定，主要由全国高校师资培训交流北京中心负责协调、组织，并依托委属六所师范大学设立六个大区培训中心，在各省、自治区、直辖市选择一所条件和教育质量好的师范院校作为师资培训点，构建国家级培训交流中心、大区培训中心、省级培训中心与培训点三级师资培训体系。自此，高等师范院校师资培训组织体系开始形成。

1989 年，原国家教委、劳动部、人事部、国家经济体制改革委员会、全国总工会五个单位发布的《关于开展岗位培训若干问题的意见》中规定，从业人员按岗位需要

进行定向培训，从而使高校教师职后教育在入职或转岗时有了政策上的补充。1990年，国务院颁布的《学校体育工作条例》提出了各级教育行政部门和学校应当有计划地安排体育教师进修培训，在政策上对高校体育教师的职后教育提供了有力的支持。

1992年，为了能更好地加强高校教师的职后教育，构建了全国高校教师进修培训组织体系，全国各个省级"高等师范院校师资培训中心"根据原国家教委下发的《关于加强各级高师（高校）师资培训中心建设的意见》纷纷改名为"高校师资培训中心"，并将培训范围逐步扩大到非师范类高校教师。自此，在全国逐步形成了2个国家级中心、6个大区中心、31个省级中心与70所重点高校培训点组成的高校教师培训"三级组织网络体系"。与此同时，各省具有硕士学位授予权的院校、体育总局系统直属院校及其他各单科体育院校逐步建立起的高校体育教师培训或进修组织与机构共同参与，逐步形成了以体育类具有博士授予权院校为中心，以"三级培训组织网络体系"为主干，以体育类具有硕士学位授予权的体育院校为支干，以体育局系统和教育部系统所委托开展体育各类短期培训机构或组织为补充的遍及全国各省市的高校体育教师职后教育的组织网络体系框架。

1994年，中共中央、国务院颁布的《中国教育改革和发展纲要》中指出，要进一步加强教师培训工作；高校教师的培训工作要坚持"立足国内、在职为主、加强实践、多种形式并举的原则"。在随后几年里，国家在法律法规上对高校教师的应聘、任职和身份以及教师发展与提高方面，分别出台了《中华人民共和国教师法》《中华人民共和国教育法》《教师资格条例》《中华人民共和国高等教育法》，以法律的手段保证了我国高等教育发展的师资队伍建设；为了使高校教师的职后教育更具有规范化和制度化，更好地促进高校教师职后教育的发展，原国家教委于1996年专门出台了针对高校教师培训的《高等学校教师培训工作规程》，使得高校教师的职后教育在政策上与制度上都有了更有力的保障。

面向21世纪的高等教育的发展，为了实现重点学科迅速发展和高层次人才培养，提高教师队伍的整体水平，在高校教师的职后教育发展中，针对高校教师（其中也涵盖了体育教师）发展的不同层面和专业水平以及未来的发展规划，教育部在1998年到2004年间出台了《面向21世纪教育振兴行动计划》《高等学校"高层次创造性人才计划"实施方案》《高等学校青年骨干教师国内访问学者项目实施办法》等政策性文件。对于高校体育师资队伍建设，教育部在2005年发布的《关于进一步加强高等学校体育工作的意见》中专门提出各地教育行政部门和高等学校要高度重视体育师资队伍的建设。

高校体育教师的职后教育在法规制度上逐步健全，也因如于此，高校体育教师职后教育的培训工作逐步得到完善，也使得遍及全国各省市的高校体育教师职后教育的组织网络体系得以实现。截至目前，遍及全国的高校体育教师职后教育的各类组织与机构为高校体育教师发展与素质的提高开展了形式多样、内容丰富的职后教育。从各地高校体育师资培训工作开展的情况来看，各相关教育培训组织或机构主要依据教育部或各省、市教育行政部门的有关高校师资培训规划与年度计划，或者是体育行政部门计划开展相关工作，负责对高校体育教师开展各种方式的职后教育，如国内外访问、学历教育、教师培训（岗前培训、骨干教师进修、单科进修、双语教学培训、各种资质培训、网络远程教育）、学术交流、研讨班，以及全国高校体育院、部（系）院长（主任）培训班和教育部人事司、高教司联合举办的"全国高等学校青年骨干教师高级研修班"等。因此，在高校教师职后教育的法规制度健全过程中，高校体育教师职后教育的开展在组织与机构上有了基础性的保障。

二、高校教师资格认定与聘任制度是高校体育教师职后教育发展的主要推动力

高校教师的资格认定，是对从事高校教育教学人员所必备的知识、技术和能力的基本要求，也是提高高校教师素质、加强教师队伍建设的一种最基本的方法。从我国目前高校教师队伍的学历教育背景和入职水平的实际情况来看，根据我国《教师资格条例》，对于那些获得本科或硕士以上学历，尤其是未接受过师范类教育的高校在职教师，或者是没有获得高校教师资格认定的教师，都要接受高校教师资格认定。在资格认定的条件中，非师范类专业毕业的申请高校教师资格的人员，还需要进行相关的教育学、心理学及普通话的认证。因此，这些需要教育学、心理学及普通话认证资格的在职教师，在入职时往往会参加各地或相关学校或者教育机构开展的职后教育，学习这些课程知识并通过认证。此外，根据《教师资格条例》中规定的"高等学校教师资格考试根据需求举行"，全国很多省份的高校在教师资格考试内容中还纳入了教育教学能力测评，从而提高了没有获得高校教师资格认定的教师在入职后参加各类形式的职后教育的积极性。

目前，我国高校推行的是教师聘任制度。聘任制度的一个基本要求就是淡化身份，注重德、能、勤、绩的考查，强调择优聘任。通过聘任制度引入竞争机制，强化教师的岗位竞争意识和履职意识，体现能上能下、优胜劣汰的用人原则。通过聘任筛选，激发教师的责任感和事业心，促使教师不断提高自己的政治思想道德和业务水平素质，

调动教师承担教学与科学研究任务的积极性，使教师努力完成本职工作，促进教师整体素质的提高。在聘任制度中，学校根据合同规定的职责对其进行考核，并把考核结果作为对教师的奖惩、培训、职务晋升或续聘的主要依据。教师的岗位职称要想得到晋升，就需要在工作岗位中不断努力以取得业绩和成果，同时也能加薪；学历不能"达标"的教师需要再学习攻读学位等。因此，我国高校教师资格认定和聘任制度的发展进一步推动了高校教师职后教育的发展。

三、我国高校体育教师职后教育的主要方式

通过调查，目前关于高校教师职后教育的形式与方法多种多样。由于"方式"一词的解释包含形式与方法，且方式的分类方法多样，根据当前我国高校"职后教育"现象与活动有着多种"形式"与"方法"并存的现实，因此，"教育方式"一词具有较为合适的涵盖性。本书也是主要根据在我国高校教师聘任制度下，教师在聘期间是否为在岗状态为主要特征来讨论高校体育教师的职后教育方式。

根据我国关于高校教师队伍建设发展的相关文件、我国高校人事制度发展的实际情况，我国高校体育教师的职后教育的主要方式为在职在岗教育，包括在职全时在岗教育和在职非全时在岗教育、在职离岗教育、在职自我教育。

（一）在职在岗教育是目前高校体育教师职后教育的主流方式

1. 在职在岗教育的特点

在职在岗教育是指高校体育教师在聘任期内不离开岗位、不影响工作任务的同时，利用课余时间、节假日或部分工作时间参与的教育活动。其最大的特点是可以在岗边学习边工作，在保证工作任务完成的同时，也能完成自己的学习任务，实现工作与学习两不误。在职在岗教育是目前我国高校教师职后教育的主要方式之一，也是大多数高校体育教师理想中的职后教育方式。

2. 目前高校体育教师在职在岗职后教育的主要目的

从 20 世纪 80 年代我国开始出台高校教师进修办法的政策至今，历经多年的实践发展。从政策层面上来说，高校体育教师的职后教育是以"在职"为主；从职后教育本身的理解角度上来看，是高校教师入职后的教育；从用人的高校角度上来看，对教师开展职后教育也是针对本校在职教师而言的。目前，除被聘为兼职教师、代课或返聘教师外，绝大多数体育教师是在职教师。所以，我国高校体育教师职后教育的方式应该是以在职教育为主的。但是，根据我国高校人事制度改革对教师所实施的聘任制

度的现实来看，教师的职后教育可以是在岗状态，也可以是不在岗状态。

近些年来，随着高等教育改革的不断深化，高校教师资格认定标准的提高，以及高校教师聘任制度的实施，高校体育教师的思想素质和业务能力的提高与发展以及在任职、职务提升的要求与条件上已远远不能仅依靠入职前所掌握的知识、技术和能力，现在的高校体育教学要求已经与大家刻板印象中的体育教学方式大不相同。高校体育教师的知识、技术更新和业务能力的提高与发展，以及责任感、职业道德等方面的形成，主要依靠教师在教学、科研和课外体育等实践工作中来实现。此外，在现实中，近些年高校招生规模扩大，教师工作量程较大幅度增加，多数高校体育教学工作处于人才储备不足的状态，若大量的教师休假或教师长期离开工作岗位进行进修与学习是不现实的，也是不可能的；从教师的个人利益角度来说，在高校人事劳务分配制度中，不在岗进修与学习所带来的暂时性利益问题，如工资、酬劳等问题也是很多中、青年教师所顾忌的。在调查中，笔者也注意到，高校体育教师在对职后教育方式的选择意向中，比较多的意向是选"在职在岗"的方式，而选择离岗的教师较少。

因此，高校体育教师在职在岗进修与学习是主要的，也是多数高校体育教师对职后教育所选择的主流方式。

3. 目前高校体育教师在职在岗教育方式的分类

高校教师的工作制度是不需要坐班的，工作时间除了学校安排的教学时间外，其他时间主要由教师自行安排。近些年的高校招生规模扩大，高等教育改革步伐加快，各高校纷纷在提高办学水平中着重快速发展，也使高校体育教师在面对承担较繁重的教学任务、科研任务的同时，还需要适应国家与学校对高校教师学历的提高、创新性人才的培养、自身知识技术更新、业务能力提高等需求。因此，在这种情况下，高校体育教师需要通过各种在职在岗的方式参加职后教育。高校体育教师在职在岗职后教育中，根据实际情况可以分为两类：一类是在职全时在岗教育，另一类是在职非全时在岗教育。

在职全时在岗教育是指高校体育教师利用课余和节假日以及在不调整任何在岗工作时间和保持工作连续性的情况下，参加的一类教育；在职非全时在岗教育是指高校体育教师需要利用节假日、课余时间和部分工作时间，在保持工作相对连续性的基础上，参加的一类教育。

高校体育教师职后教育中，这种非全时在岗类型比较普遍，也是职后教育中涵盖面比较广泛的一类。例如，教师在非节假日时期参加的各种体育赛事、研讨会、学习班、学术交流活动等。非全时在岗还可以分为约定在岗工作时间和临时调整在岗时间。约定在岗工作时间主要是参加职后教育的高校体育教师与单位有约定的工作时间或工作量，即不少于约定在岗工作的时间或工作量，或连续在约定时间内参加职后教育；临时调整在岗时间主要是参职后教育的高校体育教师根据需要参与的教育活动时间临时调整在岗工作时间，或一次或多次地参加职后教育，这种工作时间的调整一般是短时间的调整。总之，无论是在职全时在岗教育还是非全时在岗教育，总体上都是指教师以完成或不耽误在岗工作任务为前提，参加各种相关的职后教育。

4. 目前高校体育教师在职在岗教育的主要形式

高校体育教师在职在岗教育的形式是多种多样的，根据《高等学校教师培训工作规程》中"高等学校教师培训应根据教师职务的不同，确定培训形式和规范要求"和各高校所存在的教育组织形式及教学实际，在职在岗教育的形式主要包括以下几种：

（1）岗前培训。在我国高校实施的教师岗前培训，主要是针对新入职教师在上岗前的培训。新入职的高校体育教师主要分为两类：一类是被录用前没有教师资格认证或没有从事教育教学经历的应届或往届毕业生。这类人员还可以分为两种情况，一种情况是所录用人员属师范、教育类学科专业的或已接受过教育教学类知识的训练或教育的毕业生；另一种情况是所录用人员不属于第一种情况中所提范围内的毕业生。这两种情况的人员接受的岗前培训的内容也会有所差别。另一类是被录用时是具有教师资格的教师或有从事教育教学经验的人员。除针对上述人员开展岗前培训外，也可以对转岗教师到新岗位时进行培训。

（2）教学实践与社会实践。教学实践与社会实践，主要是根据《高等学校教师培训工作规程》中提出的针对助教职称岗位的教师，在导师指导下由老教师带新教师熟悉各个教学环节与过程，积极参与各种社会实践活动，可以理解为是助教职称岗位教师职后教育的主要形式。

作为高校体育教师主要工作的教学实践和社会实践，不仅是助教职称岗位的教师职后教育的重要形式，而且还可以成为其他所有职称岗位教师开展的职后教育的重要形式。相对助教职称岗位而言，在教学实践与社会实践形式下的成长主要是需要一个"以老带新"的辅助，在实践中再教育，可以得到较快的成长。而每一个教师都需要通过不断的教学实践和时间来积累经验，在教学实践中反思总结，得到成长。作为"以老带新"的老教师，在指导助教职称岗位的教师时，需要做出较好的指导和示范，从而对青年教师产生影响和提供帮助。这种"以老带新"的过程，其本身就存在着"教然后知困""知困然后能自强"的积极教育效果。

（3）课程学习、短训班、研讨班、研讨会、课题参与。指在不影响本职工作的同时，为提高教学、训练与科研能力以及课外体育锻炼指导能力或扩充本专业基础理论知识而采取的教育方式。虽然《高等学校教师培训工作规程》中提出的这些形式主要针对的是讲师职称的教师，而在现实工作中，高校体育教师各职称岗位教师都会参与这些形式的职后教育来提高自身素质和各种业务能力。以课程学习为例，副教授职称的教师为提升学历而攻读学位课程班或为将来新开课程补充与丰富知识而参加课程学习；各类职称岗位教师参加的各专业委员会或学术委员会召开的关于专业建设、课程建设或某专题研讨会等，如全国高校体育院、系院长培训班、研讨班，其中有教授和副教授职称的教师等；国家体育总局、教育部或其他部门推行或推广的与高校体育工作相关的活动，如为推行广播操、提升大学生体质健康标准等而开设的短训班、研讨班等；教育部人事司、高教司联合举办的"全国高等学校青年骨干教师高级研修班"等。

（4）攻读硕士或博士学位。主要针对那些本科毕业或没有达到学校规定学位要求的教师，或是申请学历学位提升的教师在不离开工作岗位或不影响本职工作的前提下攻读学位，以提高自身的学历水平和教学、科研水平与能力。这种形式的职后教育是当前改善和提高我国高校体育教师队伍学历结构的重要形式之一。高校体育教师在职在岗攻读硕士或博士学位在较大程度上是为了能符合学校规定的相应职称岗位对学历要求的条件。

（5）研究课题、学术会议交流、讲学、著书立说。主要是指具有一定教学研究和科学研究、训练与课外锻炼指导能力与水平基础的讲师或高级职称岗位的教师，为了能进一步得到提高或发展和掌握本学科领域前沿最新信息等而开展的教育活动形式。而近些年来，各高校体育教师队伍中补充了很多获得博士或硕士学位的应届研究生，在他们当中不乏有着学术能力较好的新任教师，虽然他们刚入职不久，但却能承担起较为重要的研究课题任务和参加一些高层次的学术会议。

（6）远程网络与电化学习。是指利用现代通信技术和影像技术构建的各种网络和多媒体与其他电化教学手段，使高校各类岗位职称体育教师在不离开工作岗位的同时开展远程教学和自学的职后教育形式。这种形式的开展与运用比较广泛，既可以作为高校体育教师职后教育中独立的教育形式，也可以贯穿于各种职后教育方式与形式之中。

（7）体育赛事实践活动。是指擅长某项运动项目的高校体育教师参与指导的学校各项运动代表队，并随队参加体育赛事活动或在各项体育赛事中担任有关工作的实践活动的职后教育形式。这种形式是高校体育教师职后教育的特有的教学实践形式，往往是以运动技术项目实践的形式参与。这种形式在公共体育教学教师群体中具有一定的普及性。开展体育赛事实践活动，有助于教师提高运动技术教学与训练水平、体育赛事的组织与裁判水平能力，更好地了解与把握各运动项目发展的动态，丰富教学过程，促进高校体育教师之间的交流，并在交流中观察与比较，达到相互了解、相互学习、相互促进和共同发展的目的。

（8）教研室或课程组的教学研究活动。高校体育院、系、部所属教研室或课程组开展的以教育教学中出现的各种问题为研究对象，促进教师专业发展和教师教学业务能力与教研能力提高的教育活动，如集体备课、考察与调研、观摩、谈论课程标准制定等。是对提高高校体育教师教学业务能力与水平具有较好效果的教育形式，也是当前能够开展得较为持久和广泛的最常规的职后教育形式。早在 1953 年，高等教育部发布的《高等学校教师进修暂行办法》中，就提出教师进修采取的两种形式之一就是"随教研组学习"。我们从调查中了解到，全国高校体育教师所在单位的教研室或课程组都有日常的教研活动，这也是我国体育工作者长期以来在教学研究上保持的良好传统。

总之，由于近些年来的高等教育发展和高校人事制度的改革，使得高校体育教师队伍建设快速发展，大量的硕士、博士毕业生补充到了教师队伍中，提高了教师的整体水平，高校体育教师也积极参加了各类职后教育。在上述高校体育教师在职在岗教育的各种主要形式中，除岗前培训形式要求对所有新入职的教师进行较为统一的规定外，其他各种职后教育形式需因人、因时、因事而异，职后教育的开展还存在着多种形式的交叉或重叠等。例如，攻读学位的教师也需要参加教研室或课程组的教研活动等。虽然高校体育教师的职后在岗教育形式能够参照《高等学校教师培训工作规程》中的确定的培训形式和规范要求，但由于各高等学校的发展水平和目标不同，在师资队伍建设上存在不同的需求和建设的规模与标准，对高校体育教师的业务水平发展提出的要求也存在差异。因此，参加入职后在岗教育的教师，主要根据自身的实际情况，如业务能力、学历水平及实际需求等选择参加不同形式的职后在岗教育。例如，获博士毕业入职在岗不久的新教师还处于见习期间，他可能会参加或承担一个研究课题组工作；对于高级职称的教师或老教师，在知识发展与技术更新层出不穷的信息社会中，他们需要通过参加研讨会、报告会或学术会议，以及高级别的体育赛事活动或社会实践，在交流和实践中了解和及时把握社会发展的现实动态和实际需求信息，更新和调整相关的知识和技术，提高自己理论联系实际的能力和捕捉信息的能力，并将其更好地运用于教学与科研之中。

5. 在职在岗教育存在的问题

在职在岗教育可以说在时间上较好地解决了参加职后教育教师的工作与学习两不误的问题。教师参加在职在岗的职后教育，从用人单位方面来看，单位的工作任务在得到完成的同时，也使得本单位在职教师的学历水平、业务能力等都得到提高，师资队伍学历结构得到良好的调整，师资队伍整体水平得到提高；从参加职后教育的教师角度来看，既完成了工作任务，又保证了工作岗位和工作劳酬。但从职后教育的实际来看，还存在一些问题。例如，人的精力是有限的，边工作边学习很难保证完美地将精力分配到工作或学习中，尤其在集中时间学习时很难保证工作时间或精力的投入。现实中，解决在职在岗教育中"工学"矛盾的方法往往是在延长学习时间的基础上完成学习和工作任务的。这样容易造成学习只有时间形式上的保证，学习效果会大打折扣。

（二）在职离岗职后教育是目前高校培养高层次体育人才的重要教育方式

1. 在职离岗教育的特点

在职离岗教育是高校体育教师在聘任期内的一定时间里暂时离开原工作岗位参加教育，当所参加的教育结束后再回到原工作岗位。这是高校为了培养高层次专门人才，如学术带头人、骨干教师或教师攻读学位学习而采取的一种重要的职后教育方式。这种方式的特点是教师脱离工作岗位，使他们在没有工作压力的情况下，保证集中精力和时间参与教育活动。

高校教师队伍的建设是一个学校发展的核心，各高校在 21 世纪初就根据教育部于 1999 年在《关于新时期加强高等学校教师队伍建设的意见》中提出的高校教师学历"836"结构的要求，逐步调整本校教师队伍建设的制度；2004 年，各高校依据教育部在《2003—2007 年教育振兴行动计划》中提出的关于人事制度改革与国家公派出国留学工作制度的精神和国内访问学者项目的实施办法等，进一步加快本校教师队伍建设的步伐，并对体育教师队伍高层次人才的建设也给予了有效的支持并提供了广阔的发展空间。因此，在这十多年里，各高校在培养体育教师队伍高层次专门人才的计划中，参照教师本人自身水平的基础，主要支持和派遣了本校骨干体育教师和学科带头人出国留学或访学，以及到国内其他重点大学访学或攻读学位等。而出国留学或访学，以及到国内其他重点大学访学或攻读学位的教师，一般很难做到在学习或访学的所在地与原工作地之间来往奔波，这样就需要他们在一段时间内暂时离开自己原本的工作岗位，专心参加职后教育。因此，在职离岗教育成为了当前高校体育教师队伍建设中培养高层次人才的一种重要的职后教育方式。

2. 目前高校体育教师在职离岗教育的主要形式

高校体育教师在职离岗教育的形式是多种多样的，要根据《高等学校教师培训工作规程》中"高等学校教师培训应根据教师职务的不同，确定培训形式和规范要求"和各高校所存在的教育组织形式以及教学实际。笔者认为在职离岗教育的形式主要有以下几种：

（1）国内外访问学者。访问学者现如今成为了一个"专用名词"，不仅是指本校在教学和学术上达到一定水平的骨干教师或学术带头人，还指被其他具有雄厚师资力量和良好办学条件的教育机构或研究机构接受而进行学习和以学术交流为主的学者，是高校体育教师队伍建设中培养高层次人才和骨干教师的重要形式之一。根据所访问的学校或机构是在境内或境外，访问学者可分为国内访问学者和国外访问学者两种。同时，还可以分为一般访问学者和高级访问学者，或者短期访问学者和长期学术访问学者。高级访问学者一般要求是具有高级职称的教师。高校选派和接受体育专业类的访问学者也是体育院校或院、系间进行学术交流的一种途径。

国内访问学者是高校根据本校体育教师队伍建设的需求和教师个人的条件，选派符合要求的骨干教师或学科带头人，到国内拥有雄厚师资力量和良好办学条件的重点体育院校或相关学校、重点研究所、重点实验室等做学术访问的学者。

出国访问学者是高校根据本校教师队伍建设的需求和教师个人的条件，选派符合条件的骨干教师或学科带头人，到国外拥有雄厚师资力量和良好办学条件的有关院校、重点研究所、重点实验室等做学术访问的学者。具有高级职称又具有学科发展前景的学术骨干教师，往往被高校作为教师队伍高层次创新人才进行培养，被送到国外一流大学进行研修，这是高校落实国家实施"高层次创造性人才工程"的主要措施之一。在调查访谈中，笔者了解到成为出国访问学者，是当前高校体育教师队伍中一些具有博士学位的青年骨干教师和高级职称的教师比较关注和重视的职后教育形式。

在我国高校访问学者中，根据其做学术访问期间的费用是否是公费，分为公费访问学者和自费访问学者。对于自费做访问学者的教师，高校在不影响学校体育整体教学与科研等工作的情况下，为了提高教师学术水平和业务能力，往往允许其在安排好相关工作的前提下到与有相关学科和专业的重点大学进修或做学术交流。自费到国外做访问学者的教师，也有这样的情况。

（2）出国合作研究或留学。高校根据本校教师队伍建设的需要，选派那些通过选拔的优秀骨干教师，利用国外相关合作单位或大学的先进科研仪器与设备、条件和高水平的师资力量做研究，学习和获取国外先进的与教育事业发展和人才培养相关的科学技术与前沿动态、最新信息。出国合作研究或留学是高校在体育教师队伍建设中加速教学与科研高层次专门人才培养的重要形式。出国留学还需要在这个过程中完成学业获得学位。目前，我国高校体育教师公派出国留学，一般是指由国家或高校选拔具有硕士学位的体育教师攻读博士学位，或以联合培养的形式攻读博士学位并由国家或学校负担相关费用。出国合作研究主要可分为单纯的有关体育项目合作研究和作为博士后进行博士后流动站合作研究。

（3）攻读硕士、博士学位。主要针对那些本科毕业或没有达到学校规定学位要求或申请学历学位提升的教师，他们与学校签订相关的协议，在职离开原工作岗位一段时间，去攻读学位，以提高自身的学历水平和教学科研水平与能力，学成后返回学校和原工作岗位。高校体育教师选择在职离岗攻读学位，主要是能相对集中精力、更系统地学习本领域的相关知识，提高自己的专业理论和研究水平，较快地提升学历水平。笔者在调查访谈中了解到，高校体育教师在职离岗攻读硕士或博士学位，在一定程度上也是为能符合学校规定相应职称岗位对学历的要求与条件。

（4）随运动队研究和实践。高校体育教师队伍中那些在某学科或研究领域或运动项目教学训练上具有较高水平或具有一定专长的教师，为了不断提高自己的研究水平与能力，熟悉某运动项目教学与训练环节，提高该项目的教学与训练水平，跟随某专业运动队训练而开展的教学和研究实践活动，如担任某运动队的技术顾问、心理咨询师、随队医生、助理教练等。由于这项工作的开展需根据专业运动队自身训练的需要进行，因此，随队研究和实践的教师往往需要在一段时间内脱离原岗位的工作。

（5）学术休假。具有一定职称的高校教师在连续担任本职岗位工作一定年限后，可带薪离开原工作岗位一段时间去参与一些与学术有关的活动，然后返回原工作岗位。旨在使教师能通过这种离开原工作岗位的调整来激发与提高自身创造力与学术水平。近年国内高校实行教师学术休假制度主要是在 2004 年前后开始的。部分高校在学术休假制度制定过程中都提出了很多适合本校发展特点和实际情况的实施办法和具体规定。例如，申请学术休假对象中，大多高校是针对高级职称教师的，但也有高校提出讲师职称教师可以申请等。

（三）在职自我教育

在职自我教育主要是指高校体育教师在其教师职业生涯全过程中，根据自己的实际需求和所处实际环境与条件，比较灵活和自由地选择学习的时间与采取多种形式和方法等以不断提高自身与本职工作相关的各种素质、能力和水平。高校体育教师的在职自我教育方式比较特殊，它既可以独立于在职在岗教育和在职离岗教育两种方式之外，又可以贯穿于这两种教育方式之中。此外，高校体育教师的在职自我教育中还可以有不直接与本职工作相关的教育内容。在职自我教育方式呈现出特殊性，因此不专门涉及这种职后教育的方式。

总之，教师职后教育的分类可以是很多种，除上述分类外，还可以根据教师在职后教育是否能获取学历或学位，将高校教师的职后教育分为学历教育和非学历教育两种方式，其中，非学历教育方式所包含的形式最多，除上述所有形式中的攻读学历学位的教育外，其他形式的职后教师都可以列入非学历教育方式之中。

四、目前我国高校体育教师职后教育的主要内容

目前高校体育教师职后教育的内容主要有国家法规政策规定的内容、各地区和高校根据本地区和学校发展规划的实际需求确定的教育内容，以及关于教师业务水平提高和学历提升需求确定的内容。其主要包括以下几个方面：

（一）高等教育基本理论知识教育

教育学科基本理论知识是教师从事教师职业所必备的知识，也是具备高校教师"双专业"特性的前提。在高校体育教师职后教育的岗前培训中安排高等教育学、高等教育心理学的基本理论知识课程的教学，主要是为那些新入职的、非教育类专业或方向毕业的教师所开设的。

近些年来，高校招生规模不断扩大，教师数量相对不充裕，尤其是在国家对高校教师学历结构提出"836"要求的情况下，在高校体育教师队伍建设中，很多高校补充了大量的青年教师。在新入职的教师当中，有不少青年教师在入职前没有系统地接受过有关教育学科方面的教育和培训，只是在获取教师资格时临时学习了有关教育学科的基本理论知识；还有一部分青年教师在高校毕业后，没有经历过教师培养的最基本过程的学习与培训，直接走上教师岗位，承担教学工作，他们在入职之前没有接受过高等教育的基本理论知识教育，对教育教学工作的具体内容零了解。因此，高等教

育基本理论知识的教育是高校体育教师职后岗前培训的主要教育内容之一，也是高校体育教师在承担教育教学的本职工作中需要不断充实的重要内容。

（二）体育及相关学科理论知识的更新和前沿信息与体育技术的教育

提升学历学位和学术水平是当前各高校师资队伍建设中对教师的基本要求。近些年来，在高校体育师资队伍建设中，各高校根据教育部《关于进一步加强高等学校体育工作的意见》中对体育教师提出的"提高学历层次"和提高体育教师的"专业素质、学术水平以及教学与训练能力"的意见要求，积极选派教师参加各类课题研究、学术交流、专业与课程建设、专题讲座、培训班等形式的职后教育。这些以体育教师为主体的职后教育都涉及体育类及相关专业学科理论知识与知识更新等内容，如"第九套广播体操培训班""全国体育舞蹈或瑜伽教师培训班""国家特色专业建设研讨会""学校体育学科报告会"等；另一方面，各高校根据本地区、本学校实际，发展规划和不同层次人才发展情况，积极落实教育部启动的《高等学校"高层次创造性人才计划"实施方案》中的"三个层次的人才培养与支持体系"，以培养一支高素质、高水平的高等学校教师队伍，并在实施高等学校"高层次创造性人才计划"中分别为具有创新能力和竞争实力的高层次学术带头人，学术基础扎实、有创新能力和突出发展潜力的优秀青年学术骨干和学术新人等制定出比较系统性的培养规划。例如，华中师范大学的金桂、银桂和丹桂计划，江苏省高校的"青蓝工程"，厦门大学的"新世纪优秀人才支持计划"实施办法，清华大学的"学术新人奖"，河北省的《高校百名优秀创新人才支持计划实施办法》，广东省的"千百十人才工程"，江西省高等学校的"高层次创造性人才计划"实施方案等，都很重视对高校优秀人才的培养与建设。因此，各高校，尤其是重点高校，在体育师资队伍建设中，围绕体育学科的建设，以提高教师的学术水平为目标，并通过学科建设促进高层次学科带头人和学术骨干迅速成长的思路，开展多种方式或形式的以本学科或跨学科领域的理论知识的探索与创新、知识更新、最新前沿教学信息与新技术的学习、掌握和交流等为主要内容的职后教育。而这些高层次体育学科带头人和体育学术骨干的快速成长是以体育类及相关专业学科理论探索与创新、知识更新、最新前沿信息与新技术学习与掌握为基础的。

（三）现代教育思想及观念与创新能力培养的教育

经济时代，信息的发展瞬息万变，对人才掌握新的信息速度提出了实质要求，对人才培养提出了新的要求。知识的创新与应用是一个国家走向富强、走在时代前沿的关键要素。创新的关键在于人才，人才的培养依靠教育。大学生是国家建设的后备专门人才，肩负着时代的重任，把大学生培养成为能把握有效信息、具有创新意识和创新能力的高素质人才，并使其适应时代迅速发展的需求，不仅是当今时代和社会发展的需要，也是高等教育自身改革创新和发展的需要。因此，高等教育改革与发展的关键是教师队伍的建设，需要建立一支具有创新意识和创新能力的高素质的师资队伍，需要通过对在职教师开展一系列的现代教育思想和观念，以及知识的更新等内容和积极参加教学、科学研究实践等形式的职后教育，使他们有效地把握学科前沿信息，更新观念，成为具有开拓精神、创新意识和创造能力的高素质新型教师。时至今日，各高校新任教师岗前培训参照的《高等学校教师岗前培训教学指导纲要》中规定的教学内容和重点高校开展的"中央高校基本科研业务费专项资金立项"、高校体育教学专业指导委员会举办的"硕士导师培训班、研修班""全国高校体育院长、部主任研讨班"，以及高校开展的"创新团队建设"等都涵盖了对高校体育教师现代教育思想和观念与创新能力培养的教育，这也是遵循教育部在 2000 年发布的《关于实施"新世纪高等教育教学改革工程"的通知》中提出的高校教师要"进行教育思想和教育观念的改革"的要求。

（四）现代教育技术、外语等基本理论知识和技能的教育

随着科学技术的迅速发展和全球化的快速推进，新知识、新技术不断涌现，以网络为代表的信息高速通道带来了巨大的信息量，为高等教育改革与发展注入了强大的动力。各高校在教师队伍建设中，一方面，要根据教育部高教司发布的《关于开展高校教师教育技术培训工作的通知》所提出的对高校教师需要改变传统的教育观念和教学方式，通过学习与充实现代教育技术基本理论、基本技能的实际训练和优秀教学案例的示范研讨等要求，教会学生科学的学习方法，开阔他们的视野，培养他们独立获取知识和发展自己的能力；另一方面，在"面向现代化、面向世界、面向未来"的发展中，面对国际竞争和国际合作潮流，高校教师队伍建设需要培养不同层次的高素质人才，尤其是培养具有国际视野和国际竞争力的人才，这是当今我国高等教育发展的重要任务。在这样的形势下，高校体育教师需要较好地掌握现代教育技术、外语及相关理论知识，并将其充分应用到体育教学与训练和科研实践中，在培养未来国家建设和体育事业发展的高级专门人才的同时，也可使体育教师较好地了解学科前沿动态信息，开阔研究视野，扩大交流领域，学习和掌握国外先进的教育理念、教学训练和科研方法。因此，把现代教育技术、外语等基本理论知识和技能作为高校体育教师职后教育的重要内容是必须的。各高校在各级职称岗位晋升时都设定了现代教育技术、外

语等方面的合格条件，并举办了相关的培训班；攻读学位、出国交流或访问与合作、留学前也有对外语知识的教育；各种形式的会议交流和讲座、讲学、课堂教学等现代化手段的应用也都能促使高校体育教师现代教育技术知识和技能的再学习和掌握。

（五）课程和教学改革、教材建设与扩充体育专业基础理论知识为主的教育

在现代社会经济发展中，人才观和价值观的改变使高等教育在人才培养目标和教学内容、方法上需要不断改革。如何培养德、智、体、美全面发展的创新型人才与各级、各类高层次人才和体育专门人才，是高校体育教师面临的一个课题。在价值取向多元化发展的今天，大学生对知识的需求和健身与锻炼的期望以及未来职业的规划，需要高校体育教师树立"以生为本"和"健康第一"的思想，不断丰富和扩展自身的知识和技术，提高发掘教学新知识、新方法和学生发展潜力的能力。因此，根据《关于实施"新世纪高等教育教学改革工程"的通知》（2000年）和《关于进一步加强高等学校本科教学工作的若干意见》（2005年）的精神，教育部、财政部启动并实施了"高等学校本科教学质量与教学改革工程"，各高校积极地响应并展开了包括体育学科在内的以课程教学改革、教材建设为主要内容的各级精品课程建设，品牌（特色）专业建设，国家级、省级教学团队建设，使一大批高校中、青年体育教师在"质量工程"建设中成长，并有效地促进了高校中青年体育教师的教学研究能力和教学与训练实践能力的不断提高，极大地丰富和扩充了他们在体育专业及相关专业方面的基础理论知识，也使他们在体育教学与训练方法、手段方面不断改进。因此，课程和教学改革、教材建设与扩充体育专业基础理论知识，是为提高中、青年其他职称岗位的体育教师的教学研究能力和教学与训练实践能力，在多种形式的职后教育中需要学习和加强的重要内容。

五、目前我国高校体育教师职后教育存在的主要问题

我国高校体育教师职后教育从中华人民共和国成立初期开始，历经几十年的风雨曲折发展，到如今已形成了体系较为完善、培训方式多样与组织网络化、培养目标层次多级发展、可涉及各职称岗位全体教师的局面，成为了高素质高校体育教师队伍建设不可或缺的重要途径。虽然，从政府部门组织到专业委员会、学术委员会及协会组织等机构开展的各种方式的高校体育教师职后教育蓬勃发展，对高校体育教师队伍的建设发挥着积极而重要的作用，但是，在适应当今转型的大众化高等教育发展需求和

建设一支高素质的高校体育教师队伍的要求中，高校体育教师职后教育还存在一些不足，需要不断地改进和逐步完善。

（一）鼓励与支持高校体育教师参加职后教育的政策与措施还显不足

高校的一个重要功能是培养高级专门的人才，而人才培养的关键在于教师。因此，高校的发展水平很大程度反映在教师队伍的素质上。建设一支高素质的教师队伍，不仅是高校发展的迫切要求，还是当前党和国家对高等教育发展提出的要求。为建设一支高素质的高校体育教师队伍，各高校一方面需要补充高素质的新教师，另一方面则需不断促进现有在职教师的不断发展。高校教师的成长与发展，除教师自身的主动、积极的意识和努力外，还需要外部环境、条件等因素的影响和促进。

近些年来国家非常重视高校教师的职后教育问题，出台了一些关于高校教师职后教育和专门针对体育教师职后教育的法律、法规以及其他相关文件，对高校教师职后教育的各方面都提出过要求和规定。对于高校教师参加职后教育的"待遇"问题的规定，主要体现在《高等学校教师培训工作规程》和《高等学校青年骨干教师国内访问学者项目实施办法》的相关规定中。例如，在《高等学校青年骨干教师国内访问学者项目实施办法》的第五章的"支持方式"中提出了访问学者的经费需遵循教育部、接受学校、选派学校、访问学者四方各承担一点的"四个一点"原则等。这些原则性规定落实在高校的具体实施中往往很难操作，尤其是反映在相关高校或教师所在单位对体育教师参加各类培训制度的"支持"上显得尤为乏力。

另外，笔者从调查访谈中了解到，这些年来高校在逐步实行教师聘用制，加上招生规模扩大、学生人数不断增多、体育教师数量的总体不足等原因，体育教师的工作负荷都很大，普遍存在一位教师一个岗的状况。教师参加任何形式的培训，一旦需要离开工作岗位，其所任职的岗位工作就需要调整其他人员的工作或外请人员顶替、补充这个岗位的工作，这样不仅对教师所在单位的工作带来一定的不便或在经济上带来格外的支出，也会使参加培训的教师经济收入减少。各高校一般在教师离开岗位参加培训在经济与相关费用上采取的做法是：与课程相关的劳酬，因教师培训期间没有承担教学任务，原所应承担课程教学对应的劳酬取消；岗位津贴、年终奖等减少；培训费或学费，以及交通、住宿等费用部分由教师个人负担；生活费用自理等。对此，也有部分高校对教师攻读学位或由单位安排派出参加培训与进修所产生的费用，在教师培训与进修结束并合格后由单位进行报销。但这种得到全额"公费"资助的教师在参加教师职后教育的人中占极少数。

（二）高校体育教师职后教育发展缺乏明确的指导理论

理论是实践的基础并指导实践，高校体育教师职后教育的实践需要有关理论的指导。中华人民共和国成立以来我国高校教师队伍建设有了长足的进步，在党的方针指引和国家、社会的高度关注与支持下，高校教师职后教育由早期的"缺什么补什么"的基础性建设，发展成为具有"三级培训组织网络体系"和其他形式补充的规模，再到进入高层次创新与创造性人才培养的建设发展轨道，成为高校教师队伍建设的重要环节与途径。在伴随高校教师队伍整体的建设发展中，高校体育教师的职后教育始终贯穿于体育教师队伍的建设和发展中，并有了长足的进步，是高校体育教师队伍建设不可或缺的环节与重要途径。

由于我国的继续教育发展起步较晚，高校体育教师队伍建设基础较差，高校体育教师职后教育的形式多样、内容广泛，在我国高等教育向大众化转型的情况下，我国高校体育教师职后教育的发展可谓使任重而道远。因此，从整体上看，高校体育教师的职后教育还主要是在政策的引导下开展的实践活动。但是，有关高校体育教师职后教育的理论研究较为罕见，无论是教育理论或体育理论的研究者，还是高校人才资源管理的研究者，对此进行的研究与探讨少之又少。尽管在教育学、心理学和体育学等理论中，存在一些对高校体育教师职后教育发展产生一定指导作用的理论，如终身教育思想与理论、专业发展的理论等，但是有关高校体育教师职后教育指导思想与目标的确定、高校体育教师职后教育标准的建立、高校体育教师职后教育计划的制订、高校体育教师职后教育结果的评估等方面的研究却没有。因此，高校体育教师职后教育实践还缺乏促使其发展的基本指导理论。

（三）高校体育教师职后教育发展整体规划与分类形式存在不足

我国高校教师职后教育从 20 世纪 80 年代中期开始发展，已经逐步形成遍及全国各省的三级培训组织网络结构的体系。高校体育教师的职后教育在单科体育院校的参加和补充下，形成了形式多样、方式多种、内容丰富、覆盖高校"三级培训组织网络结构"与单科体育院校"培训体系"的规模。例如，北京体育大学、上海体育学院招收访问学者和各体育学院开展的学历提升、单科进修以及各种短训班形式的职后教育。

高校体育教师的职后教育是高校体育教师队伍建设中的重要环节，虽然高校体育教师职后教育的发展已具备一定规模，也有逐步完善的法律、法规体系，但是，高校体育教师参加职后教育，不仅与教师个人经济或家庭条件、专业特长、学术水平、学历基础、个人需求等方面有关，还涉及学校其他部门的诸多方面，如人事编制的安排、经费支持力度、教学工作安排等方面的工作。因此，高校体育教师的职后教育的规划至少要放到一个超出教师所在部门的全校范围或更大的系统中来进行整体考察。无论是一所高校体育教师的职后教育开展，还是全国范围的高校体育教师职后教育的开展，都需要一个整体性的规划。

从学校层面来看，学校体育部门主要是依据学校人事编制的安排和自身队伍基础来考虑体育教师队伍的结构调整与建设的。体育教师是否参加"专业性"职后教育往往取决于教师个人需求、特长、条件等和其本人所在体育部门的工作需求与安排，如国内访问学者、外地短训班、攻读学位、学术报告等。而体育教师的外语、现代教育技术和师德教育等的培训又往往由学校统一安排。我国高校目前实行的是以定岗、定编的部门所有制为基础的教师管理体制，在高校规模不断扩大或高等教育大众化发展中，工作在教学一线的体育教师的教学与科研任务非常繁重，如定编、定岗、定量、定任务等，使得他们很难抽出时间参加教师的职后教育。

从全国范围层面来看，国家出台的有关高校教师职后教育的政策面向全体高校教师。例如，教育部1999年在《关于新时期加强高等学校教师队伍建设的意见》中提出了高校教师学历结构要达到"836"的要求，并且要求高校教师培训工作重点由基础性培训和学历补偿教育实现向更新知识和全面提高教师素质方向转移。由于高校体育教师队伍建设的基础差，高校体育教师的队伍建设速度相对落后，其职后教育关注度也不高，其发展也不能与"836"要求同步。也正因如此，2005年，教育部在《关于进一步加强高等学校体育工作的意见》中提出："高度重视体育师资队伍的建设，各地教育行政部门和高等学校要采取有效措施，提高体育教师的学历层次和专业素质，加强对体育教师敬业精神的培养。"尽管，近些年来各高校不断任用新入职的高学历毕业生或教师和选派在职教师攻读学位，但是，高校体育教师职后教育的"学历补偿教育"的状况还是很明显。从调查中笔者了解到，高校体育教师期望参加职后教育形式的选择中，"科研课题"和"学历提升教育"的选择排在第一和第二，达到了被调查人数的一半以上。

因此，高校体育教师队伍的建设与其他主流学科和建设基础较为坚实的教师队伍的建设相比较有着距离和差别，其职后教育的总体要求也应在全国统一要求下有所不同。

目前，我国各高校的目标和定位不同，其教师队伍整体建设的要求也有所不同。因此，不同类型的体育教师队伍的建设目标也存在着不同。而各类型高校不是单个或少数存在，每一个类型中都有一个高校群体，拥有一大批体育教师。因此，不同类型高校的体育教师职后教育在教育目标、内容和要求与考核以及形式上存在着一定的差异。

我国高校体育教师不仅为我国教育事业作贡献，同时也在我国体育事业的发展中发挥着巨大作用。因此，高校体育教师的职后教育不仅要积极地贯彻与落实教育部门制定的政策，也要主动地响应体育部门的号召与要求。例如，高校体育教师除参加由教育部门及其相关组织举办的各类培训外，还可以参加由体育部门和各协会、学会组织开展的"广播操推广培训""裁判新规则培训""等级裁判培训""社会体育指导员培训""体育类技术、技能类短训班"等，以及其他体育大学开展的各种形式的高校体育教师职后教育。

另外，我国高校体育教师中不仅有"公共体育"专业的教师，还有"专业体育"专业的教师，也有兼修"公共体育"和"专业体育"专业的教师。由于不同工作性质的体育教师的工作对象、任务、要求和擅长领域有所差别，因此，不同工作性质的高校体育教师的职后教育在教育目标、内容和要求与考核上也应存在不同。

虽然，现实中高校体育教师职后教育也有针对不同教师开展分类培训的，如专门针对师范院校与体育院校的教师或"公共体育"和"专业体育"专业的教师培训。但是，由于高校体育教师抽身参加职后教育的时间有限，以及各类培训的内容和要求不尽相同，往往使不少高校体育教师在选择培训内容或时间安排上"不知所措"，或错过机会或造成资源上的浪费；同样，不同类型高校的教师或不同性质特征的教师共同参加职后教育并一起在相同内容的"培训进修"中学习，势必会出现有的教师"吃不饱"和"消化不好"，或与工作实际需求联系不密切等情况。

因此，从全国范围上来说，在我国高等教育发展中，需要对高校体育教师的职后教育进行一个整体和全局观念的规划，根据各政府部门及相关组织机构的政策和规定，同各高校、协会、学会等团体组织进行沟通与协调，集中、合理利用各种资源并分层、分类地开展各种有效的职后教育，以发挥优化的整体教育效果。

第三节　教师与体育教师、高校教师与高校体育教师

一、教师与体育教师

教师的教学是教育研究的最基础的问题，而教师是教育活动中一个不可或缺的重要因素。因此，教师是本书中一个重要的概念，对教师概念的基本理解是本书的起点。

教师，从现代社会发展来看主要是指专门培养人的教育工作者，是一类人群的集合，也可以被认为是一种职业。"教师"是具有双重含义的词语，既可以是一种社会角色，又可以是这一角色的承担者。常见的、具有等同含义的还有"老师""先生""师者""师长"等称呼。"教师"一词的内涵有着一个变化发展的过程。

随着社会生产力的发展，从社会分工开始，到教育活动从生产劳动中分离出来成为独立的社会活动，"教师"一词的出现与发展和教师这个职业的产生与发展是密不可分的，也在不同时期被赋予了不同的内涵。从社会发展来看，在过去一个相当长的社会发展历史过程中，社会对教育人的活动并没有什么特别的要求，人们认为那些会文字或有文化的人可以当教师，有经验或有一技之长的人也可以当教师，即使在以后的"学在官府"和"私学"共存的古代教育中，教师仍然多为长者、能者、僧侣和学者，并没有把教书作为一种专门的职业，进行专门培养。

古代社会，由于社会生产力水平不高，教育与科学知识发展水平还比较低下，文化知识传递有限，教育要求不高，人们普遍认为教师是有文化知识的人，并且只要有文化知识就可以当教师。人们对"教师"的这种认识持续了一个漫长的时期，直到现代学校出现以后，在不断提高的科学技术水平的推动下，文化知识得到了较好的普及，随着受教育人数增多，科学文化知识需求扩大，学校教学内容不断增加，人们逐步开始对教育水平有了新的要求。这时，人们已经认识到教师必须是有文化知识的人，同时又了解教育规律和懂得如何教育的人，才能当好"教师"。

国际劳工组织和联合国教科文组织在 1966 年 10 月发布的《关于教师地位的建议》中提出：教育工作是一种需要教师通过专门的训练与学习获得并维持专业知识及专门技能的公共业务，是一种专门职业。

1994 年 1 月 1 日实施的《中华人民共和国教师法》的第三条中对教师的定义是"教

师是履行教育教学职责的专业人员"。

将以上定义概括起来，可以认为，教师是对应学生这个受教育角色的一类人群，在学校或教育机构从事教育教学活动，向学生传递文化知识、技能、科学技术并将其进行思想品德教育，把学生培养成为满足一定社会需求的、受过专门教育与培训的专业人员。

从世界各国教育历史的发展来看，真正把教师确定为专业人员，认为教师具有专业性，把教师认定为一门专业，是在 20 世纪以后才逐步开始的。20 世纪中后期，西方许多发达国家把教师与医生、律师一样作为专门职业，将教师定位为"专门职业"和"专业人员"已是世界各国教育发展的趋势。由此，可以理解为，教师要向学生传递文化知识、技能、科学技术等，那么教师自己需要掌握足够的科学文化知识和技能才能做好教学工作；对学生进行思想品德教育，教师不仅需要具有良好的品行，还要了解学生并知道怎样去教育学生；要想把学生培养成为符合一定社会发展需要的人，教师就必须了解和把握社会发展的动态，知道社会发展需要什么样的人，时刻关注社会发展中的各种信息并把这些信息提炼出来用于教育教学等中。因此，在现代社会发展中，教师既需要具备在某个领域的专业知识，又需要掌握对学生进行教育教学的专业知识，是受过专门的教育与训练的专业人员。

《学校体育工作条例》中明确提出体育教师是教师中的一员。由于学科性质的不同，教师在工作特点和分工要求上存在着诸多差异。教师根据所承担的不同学科的工作任务而被区分为不同学科的教师。李祥主编的《学校体育学》认为，体育教师是教师队伍中的重要一员，体育教师与其他学科（科目）教师一样，肩负着培养人才的重要责任，在学校从事促进学生身心健康、增强体质的体育教育教学工作，与其他学科教师共同承担着促进学生全面发展，并把学生培养成为能适应社会发展和社会所需要的专门人才的任务，与其他教师一样受我国教师法的约束和保护。[①]

二、高校教师与高校体育教师

高校教师，是高等学校教师的常用称呼或表述。高等学校是对公民进行高等教育的学校的统称，一般包括普通高等学校、成人高等学校和民办高等学校。高校教师的一般的理解是在高等学校工作的教师。我国于 1986 年 3 月 3 日实施的《高等学校教师职务试行条例》中第一章第三条规定"高等学校的教师编制应依据国家规定的师生

---

① 李祥. 学校体育学 [M]. 北京：高等教育出版社，2001.

比例确定"，此处把"高等学校教师"等同于高等学校的"教师"；1999年1月1日起实施的《中华人民共和国高等教育法》中第五章第四十五条提出："高等学校的教师及其他教育工作者享有法律规定的权利。"

对高校教师内涵的理解应该包括以下两个方面：第一，高校教师是在高等学校从事教育教学活动的教师，属于教师的范畴，具有教师一般意思上的规定性；第二，高校教师在知识拥有和知识运用以及知识发现上具有超出教师一般意义的特性。

高校体育教师是高校教师队伍中的重要组成部分，是在高校从事教育教学活动教师中的一员。在不同的依据下，高校体育教师可以有着不同的分类情况。

根据我国高等教育中的专业设置和人才培养目标与我国高校体育工作的任务，我国高校体育教师可以分为三大类：其一，是在全日制普通高校体育类专业中从事培养体育专门人才工作的教师；其二，是在高等教育中承担对在校大学生在德、智、体、美全面发展中实施"体育"方面教育任务的的教师；其三，是同时承担上述两类工作的教师。

根据我国高等教育中的体育类专业设置与人才培养的需求以及高校体育教师所承担课程的性质与特点，我国高校体育教师还可以分为这样的三大类：其一，是承担"体育理论知识"课程教学的教师，课程内容包含属于自然科学领域的"体育理论知识"和属于社会科学领域的"体育理论知识"；其二，是承担体育运动项目课程教学的教师；其三，是同时承担上述两类课程教学的教师。

根据高校教师职业技能的表现特征，高校体育教师区别于其他高校教师的一个主要表现，是高校体育教师在一定程度上掌握了一定数量的运动技术与技能。但是，"体育理论知识"课程教学教师的职业技能，往往不会表现出要掌握一定数量的运动技术与技能的特征。

第四节　教师专业化与教师专业发展及其关系

一、关于专业与"教师专业"的理解

关于"专业"一词，由于研究领域和研究视角的不同，不同的研究者对"专业"的界定有所不同。对"教师专业"而言，本书可以从以下学者的研究中汲取对本领域有支撑意义的基本认识，形成不同于其他研究领域的"专业"的认识，构建起"教师专业化"与"教师专业发展"的理解思路。

关于"教师专业"的问题，根据前面对"教师"的理解，本书认为其是涉及有关教师及其工作专门性问题的探讨，是将肯定教师工作具有专门性要求与条件要求作为基础，是站在教师职业和教师这一类人群的角度谈"教师专业"，主要是指教师这一专门的职业和从事这个职业的人所需的专门的理论与技能。

在教育事业飞速发展的今天，教师作为专业人员，其工作的专业性已得到社会的普遍认同。从事专门性职业的从业人员需要接受与此相关的专门性教育，并且需要经过较为长期的学习与实践，才能获得该专业所需要的专门性理论与技能，达到该专业的要求和条件。因此，教师这个专门性职业在面对"履行教育教学职责"时至少需要面临两个领域的问题：其一，怎样教和怎样教得更好；其二，教什么和教什么更有价值。第一个问题"怎样教和怎样教得更好"，是教师在教育教学中要解决采用什么方法与手段才能使学生更好地学习和掌握所学知识的问题，是教师专门性工作的基本特性问题，也是区别于其他专门性工作的本质属性。这个领域是教师职业的"共性"学科，体现了"教育学科"的专业领域。第二个问题"教什么和教什么更有价值"，是教师在教育教学中要决定什么知识对学生成长有什么意义和什么更有意义的问题，是教师专门性工作中的个性特征问题。这个领域是不同学科教师在履行其职责中所表现出的不同学科知识的"个性"学科，本书称之为"所教学科"的专业性领域。因此，教师工作，尤其高校教师工作的专门性构成具有明显的"教育学科"专业性和"所教学科"专业性的双重属性。

二、教师专业化与教师专业发展

根据对"教师专业"的理解和研究的需要，对"教师专业化"和"教师专业发展"的理解是界定在学校教育的领域中。

对于"教师专业化"的理解，需要从"专业化"一词开始。一般来说，专业化包含多层意思且是一个发展的概念。专业化既可以包含一种职业的性质、意义，指某一类职业已达到什么样的专业水平或状态，又可以指某类职业，从普通职业开始逐步发展，然后达到专业标准并成为一种专门职业，且拥有相应专业地位的过程。教师专业化是教师个体专业化和教师职业专业化共同构成的共同体，也是教师依托专业组织，经过专门训练和学习，掌握教育专业的知识与技能，逐步提高自身从教素质，成为一个合格的教育专业工作者的专业成长过程。教师专业化可以从动态与静态两个方面来说，动态上，是指教师通过专门性训练和主动学习，成为一名专业人员的过程；静态上，是指教师职业成为专业工作和教师成为专业人员这个结果得到社会认可。无论他们是从静态研究的角度谈教师的专业化，还是从动态研究的角度谈教师的专业化，也无论他们是从教师个体的角度谈教师的专业化，还是从教师群体的角度谈教师的专业化，都表达出了教师个人和教师职业的专业情况的状态与过程，既是指教师职业具有专门意义的社会功能和从事的专门性工作人员所处的发展状态和要求，又是教师持续不断发展的历程。教师专业化是以教师个体专业化为基础的，其根本意义在于强调教师的成长和发展历程，既可以理解为一种状态，又可以认为是一个逐步深化的过程；教师专业化是教师职业具有自己特征的职业要求与条件，也是教师群体专业化的发展水平与社会认可状态，是具有社会认可的专门培养制度与管理制度。

三、国内体育教师职后教育历程

近代以来，西方体育逐渐传入和不断发展，清政府实行"新政"，兴办新式学堂。清政府在 1904 年颁布了《奏定学堂章程》，并把体育列为"小学堂""中学堂""高等学堂"的必修课。这样在新式学堂数量剧增、体育又被列为必修课，而当时国内还没有培养体育教师机构的情况下，体育教师显得极度缺乏。特别是在 1906 年，清政府学部通令全国各省，在省城师范附属学校设体操专修科等，一时间体育师资奇缺。1912 年，新学制将学堂改为学校，并于 1923 年将学校的体操课改为体育课，在自然体育思想和实用主义教育思想的影响下，各级、各类学校体育师资的来源出现多元化现象。其一，聘用回国的留学生，这是主要来源；其二，直接聘用外国人；其三，聘用军人和武备学校的毕业生；其四，聘用早期体育专门学校的毕业生。由此，我国近代体育师资培养体系开始出现，并逐渐发展。而后期体育专门学校（学堂）、体育系或专修科以及体育班及传习所等的毕业生大部分进入了各级、各类学校，扩充了我国早期的学校体育师资队伍。

20 世纪初，我国独立的师范教育体制刚刚形成，体育教师奇缺，该形势迫使培养大量的体育教师，也同时面临一个对大量"塾师"进行改造的历史任务。在这种严峻的历史背景下，我国最早的教师培训机构——师范传习所、教育官训练所、教育学院等随之产生，并得到了社会的普遍认可和赞誉。

20 世纪 70 年代，终生教育潮流正在世界各国蓬勃兴起。1979 年，国内引入"继续工程教育"这个全新的名词和概念。此后，我国逐渐融入世界继续教育的发展洪流中。这一阶段高校教师培训工作的任务，已由解决教师开课困难，转向提高教师的政治业务水平、培养教师的科学研究能力，同时解决教师能力水平不能满足高等教育事业的发展需求等问题。教育部把高校教师培训的重点转移到培养青年教师上，并开始注重对骨干教师的培养。该阶段我国体育教师参加的大多为长期培训，如进修学校与进修学院的教育、函授教育、教研组培养等，使大批的青年教师的教学水平得到了提高，并使骨干教师和学科带头人青黄不接的状况有所缓解。我国教师职后教育虽然滞后于欧美发达国家，但随着我国继续教育事业的发展逐渐步入正轨。

20 世纪 80 年代是我国高校教师培训工作在组织管理和具体运作上发生较大变化的时期。在教育部的领导下形成了以两个国家级培训中心为核心，六大区培训中心参与组织协调，省级中心、重点高校和一些重点学科为培训基地的高校教师培训网络体系。同时，全国绝大多数省、市、自治区和地（市）、县相继建立了师资培训辅导站，初步形成了在职教师的培训体系，这一阶段也称为"学历补偿"阶段。很多教师不具备合格的学历或教师本身不能胜任本职工作，成为这个阶段首要解决的问题。培训教师使其通过考核取得合格学历或证书，胜任教学工作。基本层次有大学本科、专科起点的学历教育、中师和师专，方式有函授培训、业余和脱产三种。

20 世纪 90 年代初是我国教师职后教育发展的全新时期，我国教师的职后教育在开始面向全体教师的同时，强调多形式、多层次、多渠道的继续教育，强调针对具体群体，提出不同的教育重点。不过这一时期的继续教育仍然聚焦于教师群体和个人能力的提高上。但值得注意的是，教师队伍的质量问题取代了数量问题，开始成为教师在职培训的重点。同时，国家颁布了一系列配套的法律、法规，对高校教师培训工作的指导思想和原则、培训的组织与职责、培训的主要形式、培训的考核与管理，以及培训的保障与有关待遇等作出了明确的规定，从而使高校教师的培训开始走向法制化，标志着我国教师教育新局面的开始。

随着国家高等教育的发展，在国家政策的引导和继续教育发展的推动下，高校教师的职后教育由教师的被动需要逐步转变为主动参加，高校教师职后教育由简单的教育内容与形式结构的构成起步，由解决教师的"学历补偿教育"逐步构建成遍及全国且内容与形式多元化发展、对创新型高层次人才培养发挥着重要作用的高校教师职后教育网络组织体系。其包括体育教师在内的高校教师职后教育在这个历史发展中经历了曲折而复杂的过程，并在不同的历史阶段中因当时的历史背景和政策而显现出了不同历史的特征。

第五节 教师职业道德从职业化到专业性的转换

瞬息万变的社会把我们带入了以创新为特征的 21 世纪。这是一个知识经济的时代、教育创新的时代，也是科学精神与人文精神相融合的时代。这个时代又是充满各种诱惑、矛盾和机遇的时代，人类的生活方式和生存方式发生了巨大的变化，相对主义、多元文化和科学技术的迅猛发展，经济全球化所带来的价值冲突与文化交融，使人们的道德观念呈现出复杂多变的态势，对原有的道德价值体系和道德教育方法、机制提出了新的挑战。在此背景下，社会上各种道德观念、价值准则良莠不齐，在一定程度上影响了当代教师的道德选择和道德行为，即便是在教育领域这块一向被视为净土的绿色王国里，教师职业道德失范现象也时有发生。在新的历史条件下，特别是社会转型期，我国的教师职业道德建设尚存一定程度的不足，诸如对教师职业道德规范的制定还缺乏深入细致的研究，条文表述较为规范，职业特征把握不具体、不细致，可操作性不强，教师职业道德教育存在孤立性和封闭性，需要进一步处理好教师的权利和义务关系，教师职业道德与一般做人的伦理道德混为一谈等。在世界范围内的教师教育变革中，教师职业道德及其建设问题受到了高度关注。

20 世纪 90 年代中期以来，我国明确提出了教师专业化的问题，这标志着我国教育事业的发展和教师队伍建设的进步。但是，有人误以为专业化就是指提升教师的教学水平和教学效能，因而避开了师德和专业化之间的内在联系。其实，"教师专业从其本质的内容结构上来看，应当包含专业知识、专业道德和专业精神三个方面"；"从最初的一般性的德行要求到具有道德法典意义的许多专业伦理规范的教育，从只重视知识、技能教育的技术性培养逐步过渡到对专业精神与专业知识、技能水平提升的兼顾是教师专业化历史发展的一个重要侧面"。由此可见，专业道德是教师专业化的内在构成和重要标志。教师的专业道德成长和专业化发展是内在一致、并行不悖的。随着教师专业化进程的不断推进，关于教师职业道德的研究也正在实现由"职业道德"向"专业道德"的观念转移，这是推进教师专业化的必然趋势。因为一种职业的专业化的提升，如果不能赢得社会对其服务志趣及服务质量的高度信任和尊重，那么该职业在社会生活中的专业地位的取得就难以实现。换言之，专业人员必须获得社会大众对于其本身专业或专业工作人员本身的"善"的信任。也就是说，一项专业之所以成为"专业",除了专业人员本身所具有的专业素养之外,公众对于该专业人员的道德也必须能够抱有很高的信任与期待,否则这个专业无法成为真正的专业。

一、基础体育教育变革呼吁体育教师专业道德建设

我国的基础教育体育课程改革正在驶入"快车道"。与传统体育课程相比,新的基础教育体育课程体系在课程功能、结构、内容、实施、评价和管理等方面都较以往的课程改革有重大创新和突破,这对于新课程的实施者——体育教师来说,无疑是一场专业性革命。因为,新课改不仅要改变千百万体育教师的教育观念,还要改变他们每天都在进行着的习以为常的教学角色、教学方式、教学行为、教学模式乃至已经习惯的生活方式,其艰巨性不言而喻。然而,课改的一个重要特征是实践性,即任何一项课程改革的蓝图,只有落实到课堂教学中,才能变成鲜活的、富有生机的课程。所以每一位体育教师都要积极地应对新课程提出的挑战,否则新课改的初衷和实际效果将会有很大的落差。由此可见,体育教师是体育课程改革成败的关键。

英国教育学者埃利奥特强调课程的改革实际上是教师的变革,没有教师自身的主动适应与发展,课程改革不可能实施和取得成功。[①] 换言之,就是肯定了课程改革与教师变革之间的有机统一关系。从根本上讲,教师变革旨在提高教师队伍的整体质量,进而为推进课程改革服务,所以如何不断地提高教师的素质成了人们关注的焦点。联合国教科文组织认为,"我们无论怎样强调教师质量的重要性都不过分,各国政府应努力重新确认教育师资的重要性并提高他们的资格","提高教师的质量和积极性是所有国家需要优先考虑的问题"。[②] 就目前而言,部分体育教师与新课程的要求不适应这一问题已经明显地表现出来。解决这一问题的主要手段是体育教师的专业化发展,借此以提高教师的专业素质。教师专业素质是实施素质教育的关键,对学生的发展起着决定性的作用。传道之人,必须闻道在先,教师要教好学生,必须具备高尚的道德。在体育教师专业素质系统中,专业道德素质是灵魂,同时也是体育教师专业生活的基本要素,它主宰着体育教师的知觉与活动。在实施素质教育和培养现代人才的过程中,如果弱化了教师职业道德的专业特性,就会从根本上直接影响到教师对新课程理念的信奉与追求,影响教师专业角色的扮演及其专业技术行为的转化和实施,进而影响到

① (英)约翰·埃利奥特·凯尔恩斯,著,刘璐,译.政治经济学的特征与逻辑方法[M].北京:商务印书馆,2016.

② 联合国教科文组织编,联合国教科文组织总部中文科,译.教育 财富蕴藏其中[M].北京:教育科学出版社,2014.

人才培养的质量。由此可见，在实施新课程的过程中，必须把体育教师专业道德的培养放在极为重要的位置上，这也正是体育教师专业的精神实质——人文伦理本性的需求。

二、体育教师职业道德研究述评

学校体育是全面发展教育的重要组成部分，它与德育、智育、美育和劳动技术教育互相配合、互相促进，构成了培养有理想、有道德、有文化、有纪律和体魄强健的具有现代化特征的一代新人的完整内容。在学校体育的发展过程中，体育教师的道德是引导和保障体育教育和使教学沿着正确的轨道顺利发展的重要保证。相比之下，体育教师的知识、技能、智慧固然重要，但如果它们离开了道德的统摄，将会失去应有的价值和原本的目的，故而体育教师必须具备良好的道德素养。正如捷克著名教育家夸美纽斯所说，"教师应该是道德卓越的优秀人物"。[①] 体育教师的劳动特点决定其道德的特殊性，有学者对体育教师职业道德规范的内涵进行了分析：体育教师的教育方法重在身教，只有学生看到优良的品德在教师身上体现时，才能在内心深处产生对优良品德的追求。体育文化又是一种特殊的以身体符号为主的动作文化，体育教师的示范动作的表征能力也是折服学生的一种巨大的力量，故而体育教师职业道德规范的内涵是高尚的思想品德，如心胸开阔、宽以待人、修身为教、求实精神、献身精神。

（一）现状分析

随着我国社会转型和学校体育改革不断深入，体育教师的道德观念正在发生着深刻变化，一些深层次矛盾和问题凸显出来。有学者认为，在市场经济大潮的冲击下，部分体育教师的职业道德出现了滑坡现象，在教书育人中缺乏正确的理想信念，敬业精神不强，忽视自我良好形象的塑造，不能很好地处理集体与个人利益之间的关系。另有学者从自我定位、对待教学、对待学生三个方面入手，指出了少数体育教师职业道德存在的问题：在日常生活中不求进取、盲目自信、心理错位，在课堂教学上烦教厌教、言行随意，对待学生缺乏公正、情绪急躁。针对当前体育教师职业道德建设中存在的问题，分析其根源所在：市场经济的冲击，造成体育教师队伍的显性流失，金钱诱惑使其重功利性，从而缺乏敬业和奉献精神；传统的以运动技术为中心的体育观念的束缚，致使部分体育教师产生自卑心理，丧失进取精神；不够健全、完善的体育

---

① 张焕庭.西方资产阶级教育论著选 [M].北京：人民教育出版社，1979.

制度，挫伤教师工作的积极性，弱化其教学责任感；学校体育与其他学科间的失衡，使其事业心受到挫伤，职业追求停滞不前。上述因素对体育教师职业道德的建设均产生了负面影响。

（二）对策研究

目前，基础教育体育课程改革呼吁体育教师的角色转换，进而对体育教师职业道德提出了新的要求。因此，涌现出大量关于新时期体育教师职业道德建设的研究，大部分学者对体育教师职业道德建设的理解基本一致，即敬业乐教、无私奉献、热爱学生、教书育人、严谨治学、为人师表、博学求实、团结协作。体育教师是教师群体中的有机组成部分，他们在实施素质教育和培养现代人才方面，与其他学科教师有共性的一面。但是，体育教师的劳动是一种脑力劳动与体力劳动相结合，以培养人、塑造人为目的的特殊劳动，这种专业特点决定了体育教师的心理品质、人格特征、教育教学能力等素质修养方面有其特殊性，这也决定了体育教师专业道德的独特性。因此，体育教师职业道德的培养必须依据体育教师工作的特点有的放矢，而非普遍意义上的教师职业道德建设。

由上述研究可知，关于体育教师职业道德的研究基本上还停留在教师职业道德的理解水平，缺乏作为体育教师的专业特色，且没有在体育教师专业化的框架下进行。相关研究成果大多是从主观层面来论述体育教师职业道德的表现和加强师德建设的途径，即从体育教师的道德认知、道德情感等方面进行阐述，对其道德意志和道德行为的论述较少。从内容上来看，相关的师德建设研究只是教育行业里的简单演绎，师德规范在内容上不全面、不具体，定性分析成分多，定量表述少，这在一定程度上影响了研究的理论性和实践性。

参考文献

[1] 张春超，徐鸿鹏，李磊 . 新时期体育教学管理与课程建设 [M]. 北京：中国农业出版社，2022.

[2] 樊文娴，马识淳，王冬枝 . 高校体育教学与大学生体育运动管理 [M]. 长春：吉林出版社，2022.

[3] 王智勇，刘宁，胡思博 . 大学体育教学方法与管理研究 [M]. 北京：中国华侨出版社，2021.

[4] 吴广，冯强，冯聪 . 高校体育管理体制与教学改革研究 [M]. 北京:研究出版社，2020.

[5] 李金玲 . 现代体育教学改革与信息化管理 [M]. 北京：新华出版社，2020.

[6] 马洪涛 . 体育教学管理与思维创新 [M]. 长春：吉林文史出版社，2020.

[7] 李金玲 . 新时期体育教学管理探究与实务 [M]. 北京：新华出版社，2020.

[8] 苑莎 . 新时期体育教学管理与教学质量提高综合研究 [M]. 北京：北京工业大学出版社，2019.

[9] 陈敏 . 大学生体质健康与当代体育教学管理 [M]. 哈尔滨：哈尔滨地图出版社，2019.

[10] 王刚，张德斌，崔巍 . 体育教学管理与模式创新 [M]. 延吉：延边大学出版社，2019.

[11] 李尚华，孟杰，孟凡钧 . 大学体育教学与管理实践 [M]. 长春：吉林出版集团股份有限公司，2019.

[12] 樊汶桦，董旸 . 高校体育教学模式改革及科学管理研究 [M]. 长春：东北师范大学出版社，2019.

[13] 张学良，张岚，曲转 . 高校体育教学管理研究 [J]. 当代体育科技，2018（24）：89-90.

[14] 籍玉新 . 基于生态视角分析的高校体育教学管理研究 [J]. 环境工程，2022（8）：

246-247.

[15] 李佳翼. 高校体育教学管理研究 [J]. 文摘版（教育），2015（7）：159-160.

[16] 王静. 关于高校体育教学管理研究 [J]. 文体用品与科技，2013（18）：91-92.

[17] 刘梦. 论高校体育教学管理模式的创新研究 [J]. 运动—休闲（大众体育），2022（14）：157-159.

[18] 饶花. 高校体育教学与大学生自我健康管理的研究 [J]. 运动—休闲（大众体育），2022（2）：82-84.

[19] 王美玲. 追求"教学合一"的高校体育课堂教学管理研究 [J]. 科学大众（科学教育），2021（1）：142，75.

[20] 刘中革. 高校体育教学管理改革与对策研究 [J]. 山西青年，2019（20）：208.

[21] 孙艳秋. 体育核心素养视域下高校体育教学的管理模式研究 [J]. 现代商贸工业，2022（10）：189-191.

[22] 党犁铭. 高校课外体育俱乐部教学管理研究 [J]. 当代体育科技，2018，（27）：113-114.

[23] 李冬冬. 军事化管理在高校体育教学中的应用研究 [J]. 当代体育科技，2020（16）：89，91.

[24] 王佳茵. 高校体育教学信息化建设与管理的实施策略研究 [J]. 教育理论与实践，2020（6）：62-64.

[25] 欧枝华. 新时期高校体育教学管理问题分析与对策研究 [J]. 读天下，2020（6）：118.

[26] 李燕. 体育教育生态学视角下高校体育教学的课堂管理研究 [J]. 课程教育研究，2021（17）：174-175.

[27] 宋昭颐. 高校体育教学过程中的安全管理策略研究 [J]. 当代体育，2019（24）：106，110.

[28] 佟云龙. 高校社会体育指导与管理专业实践教学研究 [J]. 当代教研论丛，2019（11）：28.

[29] 欧枝华. 新时期高校体育教学管理与改革的创新研究 [J]. 电子工程学院学报，2019（11）：58.

[30] 于嘉，王美鑫. 普通高校体育场馆教学训练与开放管理研究 [J]. 内蒙古教育，2019（11）：12，15.

[31] 孙庆 . 高校体育教学风险管理研究 [J]. 现代职业教育，2017(28)：132-133.

[32] 包卫平 . 高校体育教学课内外一体化管理的研究 [J]. 包头职业技术学院学报，2019(4)：78-80.